ICH KOMME ALS MUTTER FÜR DEUTSCHLAND

Marien-Erscheinungen in Marpingen 1999

Eine theologische Annäherung

Dirk Grothues

Originalausgabe

Umschlaggestaltung: Ralf Bräutigam
Nach einem Bildmotiv von Dietlinde Assmus.

Druck: EOS Druckerei, 86941 St. Ottilien
ISBN 3-936615-08-X

INHALT

Einleitung

Im Sommer 1999 machte ein kleiner Ort im Bistum Trier von sich reden. Drei junge Frauen wollten Maria, die Muttergottes, gesehen haben. Sie traten mit Botschaften an die Öffentlichkeit. Die Medien verbreiteten die Kunde von diesem Ereignis binnen weniger Tage bundesweit. Für manche Blätter ein gefundenes Fressen. Willkommener Stoff, um das Sommerloch zu stopfen. Es gab Gesprächsrunden im Fernsehen. Die meisten Kirchenzeitungen hüllten sich in betretenes Schweigen. Soweit ich es überblicken konnte, gingen nur die Tageszeitung DIE WELT und die FAZ mit gründlichen Recherchen und seriösen Kommentaren auf die Vorgänge in und um Marpingen ein. Ganzseitig.

Zwei Jahre lang habe ich mich selber intensiv mit den angeblichen Marienenerscheinungen beschäftigt. Dabei lernte ich die betreffenden Personen ebenso kennen wie eine Reihe von Befürwortern und Gegnern der Erscheinungen. Im Verlauf meiner Untersuchungen wurde mir wieder eine kirchliche Grundstruktur klar, die mich schon früher interessiert hatte: dass es nämlich in der Kirche von Anfang an Apostel und Propheten gegeben hat. Und dass dies so geblieben ist bis heute.

Als Ergebnis meiner Bemühungen lege ich dieses Buch vor. Es wendet sich an zwei unterschiedliche Gruppen von Gläubigen, die wenig miteinander kommunizieren: An die Intellektuellen, die sich für aufgeklärt, konzilsfreundlich und fortschrittlich halten oder von anderen so angesehen werden; und an die einfachen Gläubigen, die eher als unaufgeklärt, konzilsskeptisch und konservativ gelten.

Es schadet der Kirche und ihrer Überzeugungskraft in der Welt von heute, wenn diese beiden Gruppen schweigend nebeneinander her leben. Oder es zu gegenseitigen Verdächtigungen kommt, wie es tatsächlich inmer wieder einmal geschieht. Dann heißt es: Die deutchen Bischöfe sind nicht mehr romtreu, und die Theologen sind nicht mehr katholisch. Und umgekehrt tönt es darin: Mit den Fundamentalisten kann man nicht reden; die sind fanatisch und von vorgestern.

Wie wollen Christen mit der Welt ins Gespräch kommen, wenn sie nicht mehr miteinander reden können? Wie sollen Christen sich an dem so notwendigen ökumenischen Dialog beteiligen, wenn sie sich in der eigenen Kirche nicht verständigen können? Darum also geht es: aufeinander hören und voneinander lernen. Dabei sollte das Ziel klar sein: Es geht nicht um die totale Einheit in allen Dingen. Das wäre weder gottgewollt noch wünschenswert. Es geht um die Einheit im Notwendigen, um die Freiheit im übrigen und um die Liebe in allem.

In einem ersten Kapitel wird das Spannungsverhältnis aufgezeigt, in dem die Kirche von Anfang an existiert und das ihre Stärke ist. Wie sich diese fruchtbare Spannung heute darstellt, wird sodann am Phänomen Marpingen festgemacht. Den beiden vorhin genannten Gruppen wird dabei einiges zugemutet. Den Intellektuellen wird zugemutet, sich redlich auf Dinge einzulassen, die sie beim ersten Hinschauen für abseitig halten mögen. Den einfachen Gläubigen wird zugetraut, dass sie sich den Mühen einer Untersuchung in Glaubensdingen stellen, bei der der Verstand nicht abgeschaltet werden darf. Die Hoffnung des Autors ist, dass sich das für beide Seiten lohnt.

Münster, im Januar 2002
Dirk Grothues

I. Propheten und Prophetien in christlicher Sicht

1. Was geschah in Marpingen vom 17. Mai - 17. Oktober 1999?

Zäumen wir das Pferd vom Schwanz her auf. Am 17. Oktober 1999 fand in Marpingen die letzte von insgesamt 13 Marienerscheinungen statt, die am 17. Mai begonnen hatten. Ich war inzwischen durch gute Bekannte darüber informiert worden, was sich in und um Marpingen in jenen Monaten ereignete. Einiges hatte ich auch den Medien entnehmen können. Besonders nachdenklich hatten mich zwei seriöse Reportagen gemacht, die in der Tageszeitung DIE WELT und in der FAZ gestanden hatten. Die betreffenden Reporter hatten sich nicht dazu verleiten lassen ein eigenes Urteil über Echtheit oder Unechtheit der Erscheinungen abzugeben. Sie hatten sich darauf beschränkt, detailgenau wiederzugeben, was sie an Ort und Stelle gehört und gesehen und aus Gesprächen mit Leuten vernommen hatten, die den Ereignissen nahe standen: Pilger und Einwohner von Marpingen, Priester und Kommunalpolitiker, Gläubige und Ungläubige.

Da die Erscheinung vom 17. Oktober als die letzte angekündigt war, hatte ich mich entschlossen selber hinzufahren, um einen eigenen Eindruck zu gewinnen. Es traf sich gut, dass am selben Tag noch ein Freund aus dem Medjugorjezentrum nach Marpingen fahren wollte, der Pfarrer von Wilnsdorf bei Siegen, Albrecht von Raab-Straube. So fuhr ich denn zu ihm, und gemeinsam machten wir uns auf den Weg nach Marpingen. Wir hofften den Geschehnissen am Härtelwald auf die Spur und womöglich auf den Grund zu kommen.

Am Ortsrand fanden wir eine Parklücke und gingen dann zu Fuß weiter in Richtung auf die Härtelwaldkapelle. An allen Straßenkreuzungen standen Polizisten und zivile Ordner, die den Ortsunkundigen freundlich jede gewünschte Auskunft gaben. Von den 30 - 40 000 Menschen, die sich an diesem herbstlichen Sonntag nach Marpingen begeben hatten, waren viele schon sehr früh am Morgen gekommen; denn es war nur der Tag, nicht aber die Stunde der Erscheinung angekündigt worden. Je näher wir der Kapelle kamen, um so dichter standen die Menschen. Wegen der zahlreichen Behinderten, die in Rollstühlen gefahren wurden, hatten die Ordner Gänge freigehalten. So konnten die Kranken ohne allzu große Probleme hin und her bewegt werden.

Als Priester genossen wir das Privileg, Sperren passieren zu dürfen, an denen andere abgewiesen wurden, weil der Platz vor der Kapelle schon überbesetzt war. Bis auf 30 Meter konnte ich mich der Kapelle nähern. Dann ging es keinen Schritt weiter. Natürlich versuchte ich die drei Seherinnen zu identifizieren. Ich konnte sie aber nicht entdecken, da ich noch kein Bild von ihnen gesehen hatte. Die Leute um mich herum waren ruhig und geduldig. Es gab keine Rangeleien um die besten Plätze. Fast pausenlos sangen und beteten die Menschen, angeleitet von Vorbetern und Vorsängern. Zu meiner Überraschung erklangen nicht nur »altkatholische« Lieder, sondern auch charismatische Gesänge und Melodien, die man eher in Jugendgottesdiensten hört. Über Lautsprecher kamen ab und zu Meldungen über das, was die drei Frauen sahen und hörten.

Von den Botschaften verstand ich nur Satzteile und Wortfetzen, da die Lautsprecher oft quietschten oder von den Gebeten und Gesängen der Leute übertönt wurden. Hin und wieder erhaschte ich einen Blick auf Hans Schotte und seine Filmkamera.

Während bei der ersten Erscheinung an der Härtelwaldkapelle nur Marion Guttmann, eine der drei Seherinnen, mit einer Freundin und zwei Männern aus Marpingen zugegen waren, fanden vom dritten Erscheinungstag an die Erscheinungen in Gegenwart aller drei Seherinnen statt. Zu dieser Gruppe gehören außer Marion noch Christine Ney-Nidercorn und Judith Hiber. Über diese drei Personen wird an späterer Stelle noch einiges zu sagen sein. Ich habe sie im Jahr 2000 persönlich kennen gelernt und ausführlich mit ihnen sprechen können.

Am ersten und siebten Juni, dem vierten und fünften Erscheinungstag, hatte sich der Zulauf schon verstärkt. In der Presse waren Meldungen aufgetaucht, dass in Marpingen eigenartige Dinge geschähen. Per Flüsterpropaganda hatte sich in marianischen Kreisen und in Gebetsgruppen der Charismatischen Erneuerung herumgesprochen, drei Frauen würde dort die Muttergottes erscheinen. So etwas geht ja in Windeseile. Bald waren die Ereignisse in der ganzen Republik bekannt, und der Zustrom von Interessierten und Neugierigen, von Gläubigen und Skeptikern, nahm von Mal zu Mal zu.

Natürlich war auch die Presse zur Stelle. Vielen Journalisten mögen die Vorgänge in Marpingen gerade recht gekommen sein, um das Sommerloch zu schließen. Und ebenso natürlich bildeten sich auch sofort zwei Fronten, wie das so üblich ist, wenn ungewohnte Dinge geschehen, die man so und auch anders deuten kann. Spekulationen schossen ins Kraut. Einige wollten wissen, dass die Vorgänge von einer interessierten marianischen Gruppe inszeniert worden seien. Andere meinten den alten Pfarrer Helmut Maria Gressung aus Reisbach / Saarwellingen als Manipulator ausfindig gemacht zu haben. Wieder andere verdächtigten den Kapellenverein als Inspirator, der die

Erinnerungen an die Marienerscheinungen von 1876/7 pflegt und der Marpingen gern zu einem Wallfahrtsort machen wolle, zu einem zweiten Lourdes mit großer Basilika und weltweitem Zulauf.

Von den Menschen, die in schnell wachsender Anzahl zu den von Mal zu Mal angesagten Erscheinungsterminen kamen, waren die meisten aber offensichtlich schlichte gläubige Katholiken, die ein eigenes Gespür für echt und unecht haben. Ich selber habe jedenfalls unter den vielen Tausenden am 17. Oktober keinen einzigen Spötter entdeckt, kein hämisches Gesicht gesehen, keinen einzigen abwertenden Kommentar gehört. Stattdessen habe ich wahrgenommen, dass fast alle Anwesenden beteten und sangen, die meisten mit einem Rosenkranz in der Hand. Ich habe keine Spur von Fanatismus bemerkt; wohl aber sehr viel Geduld und Rücksichtnahme im Gedränge. Während der Ortspfarrer von Marpingen alles als Sommertheater abtat und den Seherinnen den Zutritt zur Pfarrkirche verboten hatte, war der Bischof von Trier, Hermann Josef Spital, mit einem bedachtsamen Wort an die Öffentlichkeit getreten. Er sagte zu, die Vorgänge gründlich zu prüfen, verbot aber vorerst, dass an der Härtelwaldkapelle Gottesdienst gefeiert und Sakramente gespendet würden. Tatsächlich berief er schnell eine Untersuchungskommission ein und übertrug deren Leitung dem Weihbischof Dr. Felix Genn.

Was hat der 17. Oktober 1999 mir selber an Einsichten gebracht? Wenig! Auf dem Rückweg habe ich das meinem Freund und Mitbruder von Raab-Straube auch mitgeteilt. Wie er war auch ich angetan von der Frömmigkeit der Menschen, die wir am Erscheinungsort angetroffen hatten. Für mich waren sie in der Mehrheit jene Armen, die im Evangelium selig gepriesen werden und die schon im Alten Bund als die Menschen gelten, denen sich Gott in besonderer Weise zuwendet.

Allein mit den Kranken und Behinderten im Rollstuhl hätte man ein großes Krankenhaus füllen können. Aber damit war die Frage nach der Echtheit der Erscheinungen und Botschaften nicht geklärt.

Eines nur war mir klar geworden: wenn ich in dieser Frage weiterkommen wollte, musste ich vor allem den Wortlaut der Botschaften kennen, die als Worte der Muttergottes in Umlauf gekommen waren. Dann musste ich die Überbringerinnen der Botschaften kennen lernen und sehen, ob sie als Prophetinnen glaubwürdig waren. Schließlich musste ich Kontakt mit dem Bischof von Trier und mit der Untersuchungskommission aufnehmen. Als Theologe mit einer soliden kirchlichen Theologie im Kopf und mit seelsorglichen Erfahrungen im Herzen war mir vorerst nur dieses klar: Es gibt in der Kirche bis heute echte Propheten und Prophetien. Es gibt in der Kirche bis heute aber auch unechte Propheten und Prophetien. Von beiden steht alles Notwendige in den biblischen Schriften. Jesus hat seinen Zeitgenossen vorgeworfen, dass sie auf die Propheten nicht gehört haben. Er hat aber ebenso deutlich vor den falschen Propheten gewarnt, die nicht ohne weiteres zu erkennen sind; denn sie kommen wie Wölfe im Schafspelz. Um was, so fragte ich mich, handelt es sich in Marpingen?

2. Prophetische Phänomene in der Bibel und in der Kirchengeschichte

Für viele Zeitgenossen sind Vorgänge von der Art, wie sie in Marpingen geschehen sind, Spinnereien oder - bestenfalls - Kuriositäten, die man auf sich beruhen läßt. So sagte mir ein theologisch belesener Priester, als ich ihm einiges über die Marienerscheinungen in Medjugorje erzählte: »Um solche Dinge kümmere ich mich nicht. Mir genügt das Evangelium.«

Diese Einstellung ist auch unter kirchlich eingebundenen gläubigen Katholiken weit verbreitet. Dagegen ist auch nichts einzuwenden, solange die Betreffenden wirklich glauben und leben, was Gott uns in seinem Wort nahelegt. Denn die sogenannten Privatoffenbarungen fügen dem Glauben der Kirche nichts hinzu. Ihr Sinn ist vielmehr, dass sie den Finger auf solche Glaubenswahrheiten legen, die in einer bestimmten Zeit vergessen oder vernachlässigt werden. Und: sie geben eine Richtung an, in die sich die Kirche bewegen soll.

Nehmen wir zwei Beispiele aus dem Neuen Testament. Im zehnten Kapitel der Apostelgeschichte lesen wir von Petrus, der sich auf einer Pastoralreise zu den christlichen Gemeinden am Mittelmeer befand. Um die sechste Stunde, also um die Mittagszeit, ging er auf das flache Dach des Hauses eines Gerbers mit dem Namen Simon, bei dem er zu Gast war. Er wollte beten. Auch die Juden hatten ja ein Stundengebet, an das sie sich hielten, wo immer es möglich war. Und Petrus hielt sich an diese ihm vertraute Tradition. Bei dieser Gelegenheit also überkam ihn eine Verzückung. Mit anderen Worten: Er geriet in eine Ekstase: »Er sah den Himmel offen und eine Schale auf die Erde herabkommen, die aussah wie ein großes Leinentuch, das an den vier Ecken gehalten wurde. Darin lagen alle möglichen Vierfüßler, Kriechtiere der Erde und Vögel des Himmels. Und eine Stimme rief ihm zu: Steh auf, Petrus, schlachte und iss!«

Petrus war schockiert. Diese Tiere waren nicht koscher. Noch nie hatte er sich gegen die jüdischen Speisevorschriften vergangen. Er protestierte. Aber die Stimme ließ nicht locker: »Was Gott für rein erklärt, das nenne du nicht unrein!« Drei Mal geschah das, dann war die Vision vorbei und Petrus befand sich wieder auf dem Boden der bekannten Tatsachen. Aber noch immer wusste er nicht, was das alles bedeuten sollte. Die Erklärung ergab sich aber umgehend. Denn es läutete, und draußen standen zwei Männer und wünschten mit Petrus zu sprechen. Heiden! Die wollten ihn zum Haus des römischen Hauptmann Kornelius führen. Wieder ein Schock für Petrus! Als Jude durfte er doch nicht das Haus eines Heiden betreten. Heiden galten als unrein. Mit ihnen gab es weder eine Wohn- noch eine Tischgemeinschaft. Aber da dämmerte es dem Petrus auch schon: Was Gott für rein erklärt, das nenne du nicht unrein!

Was Petrus da erlebt hat, war eine prophetische Eingebung. Gottes Geist hatte ihm etwas zu sehen und zu hören gegeben, das er mit seinen leiblichen Augen nicht sehen und mit seinen Ohren nicht hören konnte. In einer Ekstase, die über ihn kam, hatte er eine Vision und eine Audition. Was er sah und hörte, war für die Kirche in ihrer Frühzeit von außerordentlicher Bedeutung. Petrus bekam damit den ersten Impuls zur Heidenmission. Offenbar bedurfte es eines besonderen Eingreifens des Himmels, um die tiefverwurzelte Hemmung zu überwinden, ein heidnisches Haus zu betreten, Heiden das Evangelium zu verkünden, mit Heiden zu essen und zu trinken.

Ähnlich erging es Paulus. Der hatte schon damals keine Probleme mehr, zu den Heiden zu gehen. Kurz nach seiner Bekehrung hatte er im Tempel von Jerusalem eine prophetische Eingebung gehabt. Er geriet in Verzückung, während er betete. Er hatte eine Erscheinung Jesu, der zu ihm sagte: »Brich auf, denn ich will dich in die Ferne zu den Heiden senden« (Apg 22,21).

Auf seiner zweiten Missionsreise erlebte er folgendes: »Dort hatte Paulus in der Nacht eine Vision. Ein Mazedonier stand da und bat ihn: Komm herüber nach

Mezedonien, und hilf uns!« Lukas, der uns das überliefert hat, fährt fort: »Auf diese Vision hin wollten wir sofort nach Mazedonien abfahren; denn wir waren überzeugt, dass uns Gott dazu berufen hatte, dort das Evangelium zu verkünden« (Apg 16,9 f).

Auch an diesem Beispiel läßt sich ablesen, worum es bei prophetischen Eingebungen geht: um Wegweisung für die Kirche. Um es mit den Worten von Karl Rahner zu sagen: es geht um einen Imperativ, um eine göttliche Weisung, wie in einer bestimmten Situation gehandelt werden soll. Aus diesem Grund kritisiert der bedeutende Theologe auch den Begriff Privatoffenbarung. Wenn es sich nicht um eine mystische Offenbarung handelt, die nur dem Empfänger gilt - so Rahner -, dann gehe das als eine Prophetie die Kirche an. Freilich, um auch das schon an dieser Stelle zu sagen: Dem Amt in der Kirche kommt es zu zu prüfen, ob etwas eine echte Prophetie ist oder nur eine menschliche Einbildung. Denn es melden sich nicht nur echte Propheten zu Wort. Es treten auch falsche Propheten auf.

Propheten und Prophetien gehörten im Leben der Urkirche zu den alltäglichen Erfahrungen in christlichen Gemeinden. Es muss häufig vorgekommen sein, dass sich bei Gottesdiensten und Gebetsversammlungen Propheten zu Wort meldeten. Ausführlich schreibt der Apostel Paulus darüber im ersten Brief an die Korinther. Das 12. Kapitel befasst sich mit den Gaben des Heiligen Geistes im Leben der Christen. Weil es in der Gemeinde von Korinth offensichtlich zu Rangeleien um den Vorrang dieses oder jenes Charismas gekommen war, betont Paulus im 13. Kapitel den Vorrang der Liebe. Sie allein bewirkt nach seiner Überzeugung, dass alle Geistesgaben einträchtig zusammenwirken.

Im 14. Kapitel schließlich sagt Paulus deutlich, dass im Gottesdienst das prophetische Reden wichtiger ist als das Reden und Beten in Zungen, das heisst in fremden Sprachen: »Auch zwei oder drei Propheten sollen zu Wort kommen; die anderen sollen urteilen« (1 Kor. 14,29). Worum ging es? Propheten, die sich im Gottesdienst meldeten, sprachen im Namen Gottes Ermahnungen aus. Sie übten auch Kritik oder ermutigten die Gemeinde, wenn sie in Schwierigkeiten war. Heute ist das Charisma solches prophetischen Redens ebenso wie das Beten und Singen »in Sprachen« wieder lebendig geworden. In zahlreichen Gebetsgruppen der Charismatischen Erneuerung wird es gepflegt. Derartige Prophetien richten sich in der Regel an die versammelte Gemeinde. Sie dienen dem Aufbau der jeweils versammelten Christen und geben Anregungen für ihren Dienst in der Kirche und in der Welt.

Oft beginnt ein Prophet mit dem Ausruf: »So spricht der Herr!« Und dann kommen Worte wie: »Wachet und betet, damit ihr nicht in Versuchung geratet«, oder: »Jeder von euch schätze den anderen höher ein als sich selbst«. In solchen Gemeindeprophetien werden aber nicht nur Bibelzitate vorgetragen. Es kommt auch vor, dass ganz bestimmte Aufträge als Wegweisung Gottes ausgegeben werden: sich um Obdachlose zu kümmern, Gefangene zu besuchen, Kranken die Hände aufzulegen oder ein missionarisches Unternehmen zu starten. Gelegentlich werden solche Worte auch von Bildern begleitet. Der Redende oder ein anderer aus dem Kreis bekommt innerlich ein Bild zu sehen und beschreibt es: »Ich sehe eine Tür mit einem ganz dicken Schloss davor« oder »Ich sehe einen wunderschönen Baum mit reifen Äpfeln« oder »Ich sehe ein Gebäude, das wie ein Schloss aussieht«.

Wenn Paulus dazu auffordert, dass »die anderen urteilen« sollen, spricht er als erfahrener Seelsorger. Er weiß, dass die Charismen einer Gemeinde sich gegenseitig ergänzen. Wenn eine Prophetie gesprochen wurde, deren Bedeutung unklar oder verschlüsselt ist, gibt der Geist Gottes oft einem anderen die Gabe der Auslegung. Außerdem muss eine Gemeinde sich ein Urteil darüber bilden, ob eine Prophetie echt ist. Es gibt ja auch Schwätzer, die sich selber wichtig machen. Wenn es um eine wichtige Sache geht, die unter den Anwesenden strittig bleibt, muss die nächst höhere kirchliche Instanz entscheiden. Dem Amt in der Kirche ist in besonderer Weise das Charisma der Unterscheidung der Geister gegeben. Aber offenbar traut der Apostel auch dem einfachen Christen in einer betenden Gemeinschaft die Fähigkeit zu, zwischen wahren und falschen Propheten zu unterscheiden.

Propheten und Prophetien haben die Aufgabe im Leben der Kirche auf Missstände aufmerksam zu machen. In Notzeiten erinnern sie daran, dass Gott alles in der Hand hat, und ermutigen die Gläubigen zum Durchhalten. Nicht selten fordern sie zu neuen missionarischen Aufbrüchen auf: »In der Gemeinde von Antiochia gab es Propheten und Lehrer... Als sie zu Ehren des Herrn Gottesdienst feierten und fasteten, sprach der Heilige Geist: Wählt mir Barnabas und Saulus zu dem Werk aus, zu dem ich sie mir berufen habe. Da fasteten und beteten sie, legten ihnen die Hände auf und ließen sie ziehen« (Apg 13, 1-3).

Als ich in den frühen 50er Jahren Theologie studierte, kamen unsere theologischen Lehrer auch auf solche biblischen Stellen zu sprechen. Damals erklärte man die Charismen im Leben der Urkirche als ganz besondere Gnadengaben. Sie seien notwendig gewesen, um der Kirche den Start in die unchristliche Welt zu ermöglichen. Heute aber seien sie überflüssig, da die Kirche auf der ganzen Erde verbreitet sei und durch das Lehramt auf dem richtigen Weg bleibe. Die Charismatische Erneuerung unserer Zeit, die auch die Kirchen der Reformation und freikirchliche Gemeinschaften ergriffen hat, belehrte uns eines Besseren. Und ein genauer Blick in die Kirchengeschichte, besonders die Kenntnis der zahlreichen Heiligen aller Jahrhunderte zeigt, dass es Propheten und Prophetien zu allen Zeiten gegeben hat. Menschen also, die eine besondere Gabe des Heiligen Geistes erhalten haben, nämlich: Worte zu empfangen, die andere nicht hören, und Dinge zu sehen, die andere nicht sehen. Deshalb nennen wir sie auch mit Recht Seherinnen und Seher. Sie machen kund, wie die Kirche in einer bestimmten Zeit handeln soll.

Ein Beispiel soll das beleleuchten. Ein Musterbeispiel! Franz von Assisi. Was für ein Mensch war er? Und wie war die Zeit, in der er lebte? Wie erging es der Kirche damals?

Ein Leben nach den evangelischen Räten Ehelosigkeit, Armut und Gehorsam hatte der Sohn des begüterten Tuchhändlers Pietro Bernardone ganz und gar nicht im Sinn. Zwar war er auf den Namen Johannes des Täufers getauft worden. Aber es widersprach seinem Geschmack, sich nach dem großen Bußprediger zu richten. Und ganz gewiss widersprach das auch dem Wunsch seines Vaters, der gar nicht mit dem Namen Giovanni einverstanden war, den seine Frau ausgesucht hatte. Denn er gab seinem Sohn kurz entschkossen einen anderen Namen. Francesco sollte er heißen, ein damals seltener Name, in dem die Vorliebe des reichen Geschäftsmannes für französische Kultur und französisches Wohlleben zum Ausdruck kommt.

Diesem Namen machte Franziskus zunächst alle Ehre. Er kleidete sich gern nach der Mode der Reichen, liebte das leichte, lockere Leben: Spiele, Festgelage, ausgelassene Streiche, dolce vita!

Das zog ihn mächtig an. Aber arm, gehorsam und ehelos leben? Nichts lag ihm ferner als das. Er begeisterte sich für alles Schöne, Lebendige und Liebenswerte. Allerdings besaß er bei aller Großzügigkeit, mit der er sein Leben genoss, auch eine ausgesprochene Großherzigkeit. Er konnte schenken ohne zu zählen. Er konnte sich für eine wichtige Sache einsetzen, wenn nötig bis zur Hingabe seines Lebens. Das zeigte sich im Städtekrieg zwischen Assisi und Perugia (1200), zu dem der 17jährige Franziskus als Ritter auszog.

Sein Prozess des Umdenkens begann im Kerker von Perugia. Die meisten seiner jungen Freunde waren gefallen. Andere starben in der Kriegsgefangenschaft. Er selber holte sich im nasskalten Gefängnis eine schwere Tuberkulose. Gegen ein hohes Lösegeld schließlich aus der Haft entlassen, versuchte Franziskus zunächst das alte Leben fortzusetzen. Doch er war nicht mehr der sorglose junge Mann von früher. Die leidvollen Erfahrungen von Krieg, Gefangenschaft und Krankheit hatten seinen Sinn für die Armen geweckt. Immer häufiger verschenkte er Geld, Lebensmittel und Kleider aus dem Geschäft seines Vaters. Mehr und mehr zog es ihn in die Einsamkeit.

Eines Tages kniete er vor dem Kreuzbild in der halbverfallenen Kapelle von San Damiano. Der französische Schriftsteller Julien Green, der das Leben des großen Heiligen gründlich erforscht hat, beschreibt diese entscheidende Stunde im Leben des Franziskus so: »Einen Augenblick schien alles still zu stehen, die Luft, die Schöpfung, und der gemalte Christus begann zu sprechen. Schrecklich, ein Bild in einer leeren Kirche, das zu sprechen beginnt. Vor Entsetzen und

Bestürzung fühlte sich der junge Mann wie gelähmt und von sich selbst fortgerissen, von der Erde erhoben. Wie konnte ein Bild sprechen? Aber er wusste, dass er nicht träumte. Die Stimme sprach: »Franziskus, setze mein Haus wieder instand.« Ein unbeschreiblicher Strom von Liebe ergoss sich aus dem Herzen Christi in das Herz des Franziskus, strömte zurück und ergoss sich von neuem in sein Herz. Als der junge Mann wieder zu sich gekommen war, lernte er die ganze Trostlosigkeit der Seele kennen, die in die geschaffene Welt zurückkehrt.«[1]

Es gibt keinen Grund an der Tatsächlichkeit dieser prophetischen Eingebung zu zweifeln. Zum ersten, weil Franz von Assisi sich nachweislich daran gemacht hat, das Kirchlein von San Damiano auszubessern. Zum zweiten, weil er die von Gott kommenden Worte nicht sogleich in ihrem vollen Sinn verstanden hat, was bei prophetischen Bildern und Worten nicht selten ist (siehe Apg 10, 9-12). Drittens schließlich, weil die Audition des Franziskus mit einer Traumvision übereinstimmt, die Papst Innozenz III. hatte, bevor er dem Bettelmönch die Erlaubnis zu predigen gab. Innozenz sah einen ärmlich gekleideten Mönch die Lateranbasilika stützen, die einzustürzen drohte. Es liegt auf der Hand, wie sich das Wort, das Franziskus hörte, und das Bild, das der Papst sah, entsprechen. Gottes prophetische Eingebungen haben den Weg der Kirche entscheidend mitbestimmt. Im Abstand von nahezu 800 Jahren ist das noch immer deutlich zu sehen:

– Die Kirche zur Zeit des Franziskus war mächtig. Sie war im Hochmittelalter zur Beherrscherin des christlich gewordenen Abendlandes aufgestiegen. Das Ringen um die Macht zwischen Papsttum und Kaiserturm hatten die Päpste zugunsten der Kirche entschieden. Unter Innozenz III. erreichte sie das höchste Maß an Einfluss und Macht. – Franziskus hingegen verzichtete radikal auf Macht. Seine Predigt vom Reich Gottes stützte sich allein auf die Kraft des Evangeliums. Wo er abgewiesen wurde, ließ er sich abweisen und fortschicken. Er hatte keinen anderen Einfluss als die Überzeugungskraft des belebten Evangeliums, und er suchte keine anderen Mittel um sich durchzusetzen.

– Die Kirche zur Zeit des Franziskus war reich. Die Bischöfe residierten und lebten in ihrer Mehrzahl wie weltliche Fürsten. Mit dem Luxus hatten sich auch Unsitten eingeschlichen bis in den Klerus und die Klöster hinein. Die päpstlichen Erlasse gegen Wucher, Bestechlichkeit, Unmäßigkeit und sexuelle Freizügigkeit sprechen eine deutliche Sprache. – Franz von Assisi verzichtete radikal auf Reichtum. Er liebte die Armut und bezeichnete sie als seine Frau. Sein Verzicht auf Hab und Gut war so rigoros, dass wir bis heute davor zurückschrecken. Dabei liebte er die Schöpfung Gottes wie kein anderer. Seine Armut entsprang nicht einer Weltverachtung, sondern der Liebe zum armen gekreuzigten Jesus und dem Glauben, dass Gott für alles Nötige sorgt, wenn der Mensch sich einzig um das Reich Gottes kümmert.

– Die Kirche zur Zeit des Franziskus war eine von Häresie bedrohte Kirche. Quer durch ganz Europa zogen Wanderprediger, die mit der Bibel in der Hand den Reichtum der Kirche anprangerten, den Prälaten die Leviten lasen und, um es modern auszudrücken, sagten: Jesus ja, Kirche nein! – Franz von Assisi war der Kirche bedingungslos treu, dem Papst ergeben und den Bischöfen gehorsam. Damit war er gewappnet gegen Stolz und Selbstherrlichkeit. Die erneuernde Kraft seines Lebens und seiner Ordensgemeinschaft blieb somit in der Kirche wirksam, anstatt sich in Kirchenkritik zu verausgaben und so zu vertrocknen. – ...

– Die Kirche zur Zeit des Franziskus war eine Kreuzzugskirche. Als Francesco Bernardone geboren wurde, hatten die Kreuzzüge in das Heilige Land eine beinahe hundertjährige Tradition, und sie sollten noch hundert Jahre fortgesetzt werden. - Franz von Assisi war ein Mann des Friedens. Für seine ganze Ordensgemeinschaft war Waffenlosigkeit ein erstrangiges Gebot – auch angesichts räuberischer Überfälle. Lieber sterben als töten!

Ich habe Franz von Assisi als Musterbeispiel ausführlich dargestellt, weil sich an ihm verdeutlichen läßt, was christliche Prophetie ist und wie sie sich ereignet: sie überkommt ihren Empfänger unversehens. Sie äußert sich in Eingebungen von Worten und Bildern, die nicht durch die körperlichen Sinne in das Herz gelangen. Es handelt sich um Inspirationen des Heiligen Geistes. Die Empfänger geraten dabei meistens in Ekstase, so dass sie die Umwelt kaum noch wahrnehmen. Bisweilen ist das Erleben der jenseitigen Welt so intensiv, dass die Rückkehr in die gewöhnliche Welt trostlos wirkt. Dass die Propheten die Worte und Bilder nicht selber produzieren, zeigt sich manchmal daran, dass sie diese nicht selber deuten können. Oft widersprechen sie den eigenen Wünschen. Echte Prophetien weisen sich dadurch aus, dass sie eine herausragende Bedeutung für die Kirche in einer bestimmten Zeit haben. Es handelt sich um Wegweisungen, die nicht ins Belieben gestellt, sondern von Gott her verbindlich sind.

Was wir bei Franziskus sehen konnten, läßt sich auch bei vielen anderen Heiligen und Ordensgründern nachweisen. So hatte Benedikt von Nursia prophetische Eingebungen von großer Bedeutung für den Weg und das Leben der Kirche. Er sammelte die damals oft vagabundierenden Mönche und Einsiedler und schaffte mit seiner berühmten Regel die Grundlage für das abendländische Mönchtum. Er band die neu entstehenden Gemeinschaften an einen festen Ort. Stabilitas loci! Ortsgebundenheit in der Zeit der Völkerwanderung. Ora et labora! Gebet und Arbeit als Konstanten, die dem täglichen Leben einen festen Rhythmus gaben. Arbeit: landwirtschaftliche und handwerkliche Arbeit in einer Zeit, die solche Beschäftigung eher gering schätzte. Geistige Arbeit, die den kulturellen Reichtum der Griechen und Römer sichern half. Benedikt und seine Mönche sind nicht wegzudenken bei der Durchdringung der germanischen Völker mit dem Leist des Christentums und der antiken Kultur.

Bernhard von Clairvaux. Mit ihm breitete sich der Orden der Zisterzienser in wenigen Jahrzehnten über ganz Europa aus. Man nennt die Zeit von 1100-1150 nicht zu Unrecht das bernhardinische Zeitalter. Was er durch seine Spiritualität für die Christenheit bedeutete, ist kaum zu ermessen. Zu einer Zeit, da viele Bischöfe verweltlicht waren und nicht wenige Bischofssitze an unwürdige Günstlinge vergeben wurden; in einer Zeit, da die Sittenverderbnis im niederen Klerus um sich griff, trat Bernhard mit prophetischer Schärfe Königen und Päpsten entgegen und rief sie zur Ordnung. Mit Weitsicht und Weisheit trat er auf den Plan, als es zum Schisma mit den Gegenpäpsten Innozenz II. und Anaklet II. gekommen war. Ohne unbotmäßig zu werden konnte er einem Papst Eugen III. die Stirn bieten. Er konnte warnen, Kritik üben und an das höchste Amt die höchsten Ansprüche stellen.

Hildegard von Bingen war eine Prophetin. Ihre Visionen und die Worte, die ihr eingegeben wurden, sind in ihr Hauptwerk SCIVIAS (Wisse die Wege) eingegangen. Papst Eugen III. hat dieses Buch geprüft und unter den Schutz der Kirche gestellt. Zehn Jahre lang hat Hildegard daran gearbeitet, nachdem sie in ihrem 42. Lebensjahr mit den folgenden Worten vom Himmel her den Auftrag dazu bekommen hatte: »O du gebrechliches Geschöpf, Staub von Staub und Asche von Asche, sprich und schreibe, was du siehst und hörst, nicht nach menschlicher Rede, Einsicht und Darstellungsweise, sondern so, wie du es in Gott vernimmst und wie der kluge Schüler die Worte des Lehrers wiedergibt.«

Birgitta von Schweden und Katharina von Siena haben mit prophetischen Eingebungen dazu beigetragen, dass die unglückselige Zeit, als die Päpste in Avignon residierten (1305 - 1378) und dem politischen Druck der französischen Könige ausgeliefert waren, zu Ende ging.

Prophetische Inspiration bewegte Ignatius von Loyola den Orden der Jesuiten zu gründen. Diese trugen mit Franz Xaver die Mission nach Indien und Japan und auch nach China. Durch ihre gründlichen philosophischen und theologischen Studien wurden die Jesuiten unersetzlich in der geistigen Auseinandersetzungen im Gefolge der Reformation. Der Orden, den Ignatius gründete, unterschied sich von allen bisherigen geistlichen Gemeinschaften. Mit Rücksicht auf Mission und Seelsorge verzichteten die Jesuiten auf das gemeinsame Stundengebet und auf eine Ordenstracht. Jeder Jesuit sollte jederzeit für das Apostolat verfügbar sein. Jeder sollte sich in jedes Milieu hineinwagen können. Unmessbar ist der geistliche Einfluss, der bis heute aus den »Ignatianischen Exerzitien« hervorgeht. Sie vertiefen den Glauben und befähigen zum Dienst in der Kirche und für die Welt.

Prophetische Eingebungen brachten Maria Margareta Alacoque dazu, die Herz-Jesu-Verehrung zu erneuern. Damit schuf Gott durch sie ein Gegengewicht gegen eine überstrenge Moraltheologie, die vom

Jansenismus beeinflusst war und den Blick auf den liebenden Gott verstellte.

Diese wenigen Beispiele müssen genügen. Sie sollen nur beleuchten, wie die Kirche zu allen Zeiten von prophetischen Eingebungen lebt und mitgelenkt wird. Jeder kann sich kundig machen, der die Biografien von Gertrud und Mechthild von Helfta, von Teresa von Avila und Johannes vom Kreuz, von Franz von Sales und Johanna Franziska von Chantal zur Hand nimmt. Prophetische Inspirationen finden sich bei Johannes Don Bosco, bei Anna Katharina Emmerick, bei den Seherinnen und Sehern der verschiedenen Marienerscheinungen.

Juan Diego, der Seher der Erscheinungen von Guadalupe in Mexiko, ist erst kürzlich selig und wird im Juli 2002 heilig gesprochen. Inzwischen hat Papst Johannes Paul II. die Kinder von Fatima, Francisco und Jacinta zur Ehre der Altäre erhoben. 1933 schon wurde Bernadette Soubirous zur Heiligen erklärt. In allen diesen Fällen geht es nicht nur um persönliche Heiligkeit, sondern auch um ihre Glaubwürdigkeit als Seher und Propheten.

Wie bei den Heiligen und Ordensgründungen liegt auch bei den Marienerscheinungen die prophetische Bedeutung für die Kirche auf der Hand. Das überzeugendste Beispiel sind für mich die Marienerscheinungen von 1531 in Mexiko. Damals war die christliche Mission in der Neuen Welt fast zum Erliegen gekommen. Das brutale Vorgehen der Eroberer hatte das Kreuz bei den mexikanischen Azteken in Verruf gebracht. In dem wunderbaren Bild der Gottesmutter, das sich vor den Augen des Bischofs auf dem Gewand des armen Juan Diego abzeichnete, erkannten die Azteken die Wahrheit: Maria ist die Mutter der Spanier wie der Azteken: In einem längeren Gespräch mit mexikanischen Ordensschwestern habe ich mir erklären lassen, was die Details auf dem Bild der Gottesmutter von Guadalupe für die damaligen Menschen bedeuteten. Am wichtigsten ist dies: die Gesichtszüge Marias auf dem Bild sind einerseits typisch mexikanisch, andererseits aber auch typisch spanisch. Es ist geschichtlich belegt, dass mit dem Bekanntwerden der Erscheinungen und des Bildes schlagartig eine Wende eintrat, die ganz unerwartbar war: Innerhalb weniger Jahre haben sich ca 80% der in Mexiko lebenden Azteken zum christlichen Glauben bekehrt.

Es braucht nicht eigens betont zu werden, dass zu den Empfängern von Prophetien nicht nur Männer, sondern auch Frauen, nicht nur Erwachsene, sondern auch Kinder, nicht nur kirchliche Amtsträger, sondern vor allem Laien gehören. Hören wir noch einmal das Zeugnis der Apostelgeschichte: »In den letzten Tagen wird es geschehen, so spricht Gott: Ich werde von meinem Geist ausgießen über alles Fleisch, eure Söhne und eure Töchter werden Propheten sein, eure jungen Männer werden Visionen haben, und eure Alten werden Träume haben. Auch über meine Knechte und Mägde werde ich von meinem Geist ausgießen in jenen Tagen, und sie werden Propheten sein« (Aps 2,17).

3. »Ihr seid auf das Fundament der Apostel und Propheten gebaut« (Eph 2,20)

Auf einem Bein kann man nicht stehen, jedenfalls nicht für längere Zeit. Und gehen kann man mit einem einzigen Bein schon gar nicht. Zu einem gesunden Menschen gehören zwei Beine. Ahnlich ist es mit der Kirche. Sie hat von Gott sozusagen zwei Standbeine bekommen. Und die braucht sie auch, wenn es mit ihr vorwärts gehen soll. Das eine »Bein« besteht aus den Aposteln, das andere aus den Propheten. Wie die

Apostel so gehören auch die Propheten zum kirchlichen Fundament. Ohne sie kann die Kirche nicht existieren; ohne sie kann die Kirche nicht aufgebaut werden; ohne sie bewegt sie sich nicht vorwärts.

Mit den Aposteln sind nicht nur die 12 Männer gemeint, die Jesus berufen, bevollmächtigt und ausgesandt hat. Gemeint sind mit dem Fundament der Kirche auch die Bischöfe als die Nachfolger der Apostel. Zusammen mit ihren Priestern und Diakonen versehen sie den apostolischen Dienst in der Kirche.

Mit den Propheten sind nicht nur die Männer und Frauen gemeint, die wir aus den Schriften des Alten und des Neuen Bundes kennen. Auch sie haben bis heute ihre Nachfolger. Freilich werden sie, anders als die Nachfolger der Apostel, nicht durch Wahlen berufen und nicht durch Weihen bevollmächtigt. Der Heilige Geist beruft sie, wann und wie er will. Und er beruft zu Propheten, wen er will. Nicht nur Akademiker, sondern oft auch Menschen mit geringer Bildung.

Wer zur apostolischen Säule der Kirche gehört ist feststellbar. Die Männer, die den Dienst der Apostel versehen, haben Beglaubigungsurkunden. Wenn ich als unbekannter Priester irgendwo eine Heilige Messe feiern möchte, muss ich ein »Zelebret« vorzeigen und mich so dem Pfarrer der betreffenden Kirche oder Kapelle gegenüber ausweisen. Ein Prophet hat keinen Ausweis. Es gibt kein Sakrament der Prophetenweihe. Es gibt keine Seminare zur Ausbildung von Propheten. Ein Prophet hat es daher in der Kirche schwer. Er hat nichts anderes als seine ganz persönliche Berufung. Er bekommt von Gott Worte und Bilder eingegeben, mit denen er an die Öffentlichkeit gehen muss. Er riskiert, dass man ihm den Zutritt zur Kirche verweigert. Er muss darauf gefasst sein, dass er für verrückt erklärt wird. Oder dass man ihn für einen Betrüger hält. Prophetenschicksal.

Das ist schon im Alten Testament nachzulesen. Wahre Propheten werden oft verfolgt. Jeremia wurde in den Brunnen geworfen. Amos, der im Auftrag Gottes harte Worte gegen das Südreich Israel sagen musste, bekam von Amazja, der als Priester den Dienst am Heiligtum von Bet-El versah, zu hören: »Pack dich, Seher; und flieh in das Land Juda. Iss dort dein Brot und tritt dort als Prophet auf« (Am 7,12). Jesus selbst sieht sich in ihrer Reihe: »Jerusalem, Jerusalem, du tötest die Propheten und steinigst die Boten, die zu dir gesandt sind« (Lk 13,34).

Wenn Propheten Personen sind, die von Gott her zu den Menschen sprechen, dann ist Jesus der Prophet schlechthin. Er spricht nicht nur Worte Gottes. Er ist vielmehr in seiner Person das Wort Gottes, und er verkörpert mit seinem ganzen Leben und Wirken genau das, was Gott den Menschen mitteilen will. Bezeichnenderweise war er im Gottesvolk des Alten Bundes nicht Priester, sondern Laie. Er hatte keine Theologie studiert; aber er war erfüllt vom Geist Gottes. Und Maria, seine Mutter? Ist sie nicht eine Prophetin? Im Magnificat verkündet sie Gottes Größe und sein wunderbares Handeln. Eine Erscheinung vom Himmel und ein Wort des Engels brachten ihr die Kunde von dem, was Gott tun wollte.

Maria empfing Gottes Wort und brachte es zur Welt. Jesus ist das Wort Gottes und geht in die Welt. Was sagten seine Zeitgenossen, die Augen- und Ohrenzeugen seiner Worte und Taten waren, über ihn? »Er ist ein Prophet wie einer der alten Propheten« (Mk 6,5). »Das ist wirklich der Prophet, der in die Welt kommen soll« (Joh 6,14). Und die Jünger auf dem Weg nach Emmaus: »Er war ein Prophet, mächtig in Wort und Tat vor Gott und dem ganzen Volk« (Lk 24,19). Dass Jesus mehr war als ein Prophet sollten die Emmausjünger bald erfahren. Er ist der, auf den die ganze Geschichte des Gottesvolkes hinauslief: der Messias: »Und er legte ihnen dar, ausgehend von Mose und allen Propheten, was in der gesamten Schrift über ihn geschrieben steht« (Lk 24,2'7).

Jesus Christus ist Prophet, aber auch Priester und König. Sein Priestertum offenbarte er in seiner Lebenshingabe für das Heil aller Menschen. Sein Königtum wurde offenbar in seiner Auferstehung von den Toten und in seiner Erhöhung als Herr zur Rechten des Vaters, mit dem er den Heiligen Geist sendet.

Damit sind wir wieder bei unserem Thema: bei der Kirche, die aufgebaut ist auf dem Fundament der Apostel und Propheten. Die Kirche, das neutestamentliche Gottesvolk, ist der mystische Leib Christi. In seinen Gliedern lebt Christus fort: Bei der Taufe kommt das darin zum Ausdruck, dass dem Neugetauften zugesprochen wird: »Du wirst gesalbt mit dem heiligen Chrisam; denn du bist Glied des Volkes Gottes und gehörst für immer Christus an, der gesalbt ist zum Priester, König und Propheten in Ewigkeit.« Dieser Teil der Taufliturgie gehört zu den ausdeutenden Riten, die auch entfallen können. Immerhin zeigen sie an, was in der Taufe tatsächlich geschieht: der Christ wird wiedergeboren aus dem Wasser und dem Heiligen Geist. Er bekommt Anteil am Leben Christi. Er bekommt damit Anteil an seinem Priestertum, an seinem Königtum, an seinem Prophetentum.

Um den Unterschied zum Weihepriestertum zu betonen, spricht man in der Theologie vom allgemeinen Priestertum der Laien. Entsprechendes läßt sich vom allgemeinen Prophetentum eines jeden Getauften sagen. Das heißt dann soviel wie: jeder Christ ist dazu berufen, Zeugnis zu geben von seinem Glauben. Mit seinen Mitteln und Möglichkeiten soll er teilnehmen an der Evangelisierung der Welt. Seit der Enzyklika von Papst Paul VI. EVANGELIUM NUNTIANDI dürfte das keine Neuigkeit mehr sein. Die Grundlage aber dafür, dass es dieses allgemeine Priestertum und dieses allgemeine Prophetentum gibt, ist genau das, was Paulus meint, wenn er schreibt: »Ihr seid auf das Fundament der Apostel und Propheten gebaut«.

Was wir an dem Fundament der Apostel haben ist uns geläufig: Das Leitungsamt und das Lehramt der Bischöfe unter dem Bischof von Rom, der als Nachfolger des Apostels Petrus dem Kollegium der Bischöfe vorsteht. Als amtliche Mitarbeiter des Bischofs kennen wir die Priester und Diakone. Zum apostolischen Fundament gehört die amtliche Verkündigung des Evangeliums in der ganzen Welt, die Feier der Liturgie und die Spendung der Sakramente. Nicht zuletzt gehört zum apostolischen Wirkungsbereich der Kirche (Diakone) auch der Dienst der Caritas. Das alles kennen wir aus täglicher Erfahrung.

Sehr viel weniger bewusst ist uns, was alles zum Fundament der Propheten gehört. Im allgemeinen Sinn gehört dazu alles, was Christen tun und sagen, wenn sie bewusst als Christgläubige leben: Gottesdienst feiern und beten, das Wort Gottes lesen und bedenken, die Frohe Botschaft weitersagen und den Glauben bekennen. Man hat einmal gesagt, jeder Heilige bezeuge und erkläre durch seine Existenz eine Seite der Heiligen Schrift. Insofern sind sie »Worte Gottes«, hineingesprochen in unsere Welt. Bei ihnen zeigt sich das allgemeine Prophetentum in einer sehr profilierten Form. Die Heiligen und Seligen reden noch über ihren Tod hinaus prophetisch, insofern sie als Vorbild weiterwirken und manches von ihren

Werken weiterlebt. Schließlich gibt es in der Kirche immer wieder auch ganz besondere prophetische Berufungen. Sie beeinflussen die Kirche in vielfältiger Weise, geben Impulse zur Umkehr, erneuern das christliche Leben, weisen neue Wege in einer sich ständig wandelnden Welt. Zum prophetischen Fundament der Kirche gehören auch außerordentliche Phänomene wie die Marienerscheinungen. Gläubigen werden Augen und Ohren geöffnet für Personen und Botschaften, die vom Himmel kommen.

4. »Prüft alles, das Gute behaltet« (1 Thess 5,21)

Ich habe kirchentreue Frauen und Männer kennen gelernt, die sehr traurig darüber sind, dass die Kirche in Deutschland sich nicht dazu entschließen kann, Marienerscheinungen anzuerkennen. Heede, Heroldsbach, Marienfried, Marpingen. Verärgert sagen sie: Maria kann in Deutschland nicht landen! Und sie meinen: wenn solche Erscheinungen in Italien, Frankreich, Spanien oder Portugal stattgefunden hätten, wären daraus längst berühmte Wallfahrtsorte entstanden.

Darüber kann man streiten. Gewiss, es gibt in diesen Ländern Erscheinungsorte wie Lourdes und Fatima, die kirchlich anerkannt sind und zu denen offizielle Pilgerfahrten stattfinden. Aber es gibt auch abgelehnte oder umstrittene wie Garabandal und Schio. In Deutschland haben wir die genannten Erscheinungsorte, die von der Kirche nicht anerkannt worden sind, bislang nicht. Immerhin hat der Osnabrücker Bischof Franz-Josef Bode Heede als Gebetsstätte anerkannt und sogar einen jährlichen Gebetstag für das ganze Bistum in Heede eingerichtet. Und um Heroldsbach soll es eine neue Untersuchung geben. Was Marpingen betrifft, so kümmert sich eine diözesane Kommission unter der Leitung von Weihbischof Dr. Felix Genn um die Vorgänge. Darüber bleibt im Schlusskapitel dieses Buches noch einiges zu sagen.

Man muss diese Dinge von zwei Seiten aus betrachten. Die Kirche ist nun einmal - Gott sei es gedankt - auf das Fundament der Apostel und Propheten gebaut. Beide Pole stehen in Spannung zueinander. Die Apostel haben in der Kirche das Sagen. Gewiss haben auch die Propheten das Sagen. Aber sie sprechen nicht mit kirchlicher Autorität; es sei denn, dass die apostolische Kirche mit ihren Bischöfen sich hinter die Propheten stellen und sie beglaubigen. Die Inhaber des Lehramtes können gar nicht anders. Sie müssen prüfen, ob die Propheten und ihre Prophetien echt sind. Wohin kämen wir, wenn alle, die sich für Propheten halten, die Richtung bestimmen würden, in die die Kirche sich bewegen soll. Darüber entscheiden die Bischöfe und in herausragender Weise der Papst. Sie werden dabei auf vielerlei Weise unterstützt: durch ihre Theologen, durch Synoden und Konzile.

Aber: Gott hat zu allen Zeiten auch durch Propheten gesprochen, und er tut es bis heute. Dem apostolischen Amt hat er aufgetragen, Propheten und Prophetien zu prüfen. Dabei darf aber nicht übersehen werden, dass auch die Laien in der Kirche einen »Riecher« dafür haben, ob sie es mit echten oder falschen Propheten zu tun haben. Die Theologen sprechen von einem Glaubenssinn der Gläubigen. Papst Pius XII. hat diesen Glaubenssinn der Gläubigen sehr ernst genommen, bevor er 1950 die leibliche Aufnahme Mariens in die himmlische Herrlichkeit zu einem Dogma der Kirche erklärte. In einem Rundschreiben bat er alle Bischöfe um ihre eigene Meinung zu diesem Dogma und wies sie an, auch die Gläubigen zu befragen, was deren Glaube sei. Bei aller Letztkompetenz des kirchlichen Lehramtes muss der Glaubenssinn der Gläubigen berücksichtigt werden. Deshalb ist ja auch die Tatsache von Belang, ob Marienerscheinungen einen nachhaltigen Anklang im Volk Gottes finden. Für eine Untersuchungskommission ist das ein ernstzunehmender Faktor.

Wir sehen: Prüfung ist notwendig. Aber sie bringt fast immer auch schmerzliche Konflikte mit sich. Für beide Seiten übrigens. Bei meinem ersten Besuch in Trier traf ich mit dem Leiter der Kommission zusammen. Weihbischof Genn war zu der Zeit arg strapaziert. Er bekam wegen Marpingen zahlreiche Briefe, die zum Teil mit Anwürfen verbunden waren. Katholiken aus dem Bistum Trier und darüber hinaus bombardierten ihn mit Forderungen, die Erscheinungen von 1999 unverzüglich als übernatürlich zu erklären. Angesichts seiner Aufgabe gründlich zu prüfen, fühlte er sich von manchen Briefschreibern und Anrufern in seinem Amt nicht ernst genommen. Wenn ein Bischof dann noch hinnehmen muss, von einigen Heißspornen als ungläubig oder antimarianisch eingestuft zu werden, ist das schon herb.

Der Apostel Paulus gibt seinen Zeitgenossen und auch uns den guten Rat: Prüft alles, das Gute behaltet! Diesen Rat sollten sich alle sagen lassen: die Bischöfe und Theologen, denen es aufgegeben ist, die Geister zu unterscheiden; aber auch die Laien in der Kirche, die von Erscheinungen und Botschaften wie jüngst in Marpingen hören und lesen. Ich selber habe mir diesen Rat zu Herzen genommen und tue es weiter. Und ich gebe diesen Rat auch weiter an die Leserinnen und Leser dieses Buches.

II. Die prophetischen Botschaften von Marpingen

1. Die sprachliche Gestalt der Botschaften

Mein erster Besuch in Marpingen am 17. Oktober 1999 hatte mir keine Klarheit gebracht. Trotz dreistündiger Aufmerksamkeit an der Härtelwaldkapelle war die Ausbeute für meinen Theologenverstand eher dürftig. Viele fromme Leute, ja! Andächtiges Beten und Singen, ja! Ruhe und Ordnung trotz bedrängender Enge, ja! Aber ist das schon Grund genug für die Annahme, dass hier die Muttergottes erscheint? Nur dies war mir klar: Ich musste die Botschaften in die Hand bekommen. Nicht nur in den knappen Auszügen, wie sie in der Tagespresse standen, sondern in ihrer vollen Länge und in verbürgter Originalität. Wenn Maria wirklich erscheint und spricht, dann sind ihre Worte wichtig. Viel weniger interessierte mich, wie sie den Seherinnen erscheint: in einem weißen oder blauen Mantel, mit oder ohne einen Schleier, auf der Erde stehend oder auf einer Wolke schwebend. Ihre Worte waren mir wichtig. Was sie uns sagen will, darauf kam es mir an. Und ich dachte, dass sich an den Botschaften zeigen müsste, ob sie wirklich vom Himmel kamen oder der Phantasie der Seherinnen entsprungen waren.

Also bestellte ich mir alle Berichte, die von der Gruppe »Marianische Laien für Marpingen« herausgegeben wurden. In ihnen, so hatte ich gehört, seien die Botschaften vollständig abgedruckt, die während der Erscheinungen mit Tonbändern aufgenommen worden waren. Fast postwendend bekam ich alle Berichte zugesandt, auch die vom letzten Erscheinungstag, den ich selber miterlebt hatte. Statt der erhofften Klarheit vernebelte sich für mich das Phänomen Marpingen! Ich stieß mich an der sprachlichen Form der Botschaften, teiweise auch an ihrem Inhalt. Verglichen mit der Art und Weise, wie Jesus und Maria in den Evangelien sprechen, schienen mir ihre Worte in den Marpinger Texten einfach kein Niveau zu haben. Ein guter Bekannter äußerte sich ähnlich und sagte: So spricht der Himmel nicht!

Einen Qualitätsunterschied empfand ich auch im Vergleich zu den Marienbotschaften von Medjugorje, die mir seit Jahren bekannt sind. Dort ist die Sprache kurz, einfach, klar. Hier ist sie wortreich, weitschweifig, wiederholend. In Medjugorje heißt es beispielsweise: »Liebe Kinder, ich lade euch ein den Rosenkranz zu beten«. In Marpingen hingegen: »Ich fordere wieder auf zum Gebet. Betet, meine Kinder, das ist das Wichtigste. Betet den Rosenkranz, den ich euch gelehrt habe. Betet den Rosenkranz für die Bekehrung der Sünder und den Frieden in der Welt. Es ist wichtig, dass ihr betet. Tut Buße und betet ...«.

Woher, so fragte ich mich, stammen diese Botschaften? Ich versuchte mit einem Test an die Quelle zu kommen. Angenommen, so überlegte ich, ich fände solche Worte in irgendeinem frommen Buch, ohne etwas von Marpingen zu wissen. Wie würde ich dann urteilen? Die Antwort war mir klar. Ich würde auf einen Urheber tippen, der zweifelsohne ein frommer Christ sei, einen vorkonziliaren Katechismus gelesen und volkstümliche Kapuzinerpredigten gehört hätte. Andererseits: wenn ich davon ausgehen würde, dass die Botschaften von drei Frauen stammten, die die Gottesmutter gesehen und gehört haben wollten, wie war die Sache dann zu erklären? Ich ließ meine Phantasie spielen und stellte mir folgendes vor:

Da sitzen drei Frauen mit noch anderen frommen Frauen seit vielen Jahren in einer marianischen Vereinigung zusammen. Woche für Woche treffen sie sich und beten miteinander. Sie kennen alte Berichte von Marienerscheinungen, die in den Jahren 1876/7 in Marpingen stattgefunden haben sollen. Damals soll die Gottesmutter gesagt haben: Ich komme wieder in schwer bedrängter Zeit. Die Frauen leiden unter den Nöten unserer Zeit, besonders unter dem Glaubensschwund in der Kirche und in den eigenen Familien. Sie beten und wünschen sich, dass Maria ihr Versprechen wahr macht. Schließlich nimmt ihr Wunschdenken so krasse Züge an, dass sie Halluzinationen bekommen. Zunächst träumen sie nur nachts von Erscheinungen der Muttergottes. Später geraten sie sogar am hellen Tag in Trance, sehen Bilder und Worte, und schon passieren Dinge, von denen der Marpinger Pfarrer abschätzig meinte: Sommertheater? Könnte es nicht so gewesen sein?

Natürlich war ich mir bewusst, dass dies eine reine Spekulation war. Um zu erkennen, was sich tatsächlich zugetragen hatte, musste ich Näheres über die drei Frauen erfahren. Bevor ich dazu eine Gelegenheit erhielt, konnte ich aber noch etwas anderes tun. Ich erinnerte mich an ein Buch von Karl Rahner. Dieser von mir hoch geschätzte Jesuit und Theologe hatte über VISIONEN UND PROPHEZEIUNGEN geschrieben. Ich kramte sein Buch aus meinen Regalen hervor und stieß auf das Kapitel »Zur psychologischen Problematik der Visionen«. Und dort fand ich den folgenden Text: »Wenn der eigentliche Ort der primären Einwirkung Gottes tiefer, hinter dem sinnlichen Erkenntnisvermögen liegt, wenn er primär auf eine Berührung und Vereinigung des Geistes im Menschen mit Gott geht, dorthin also, wo das eigentliche Gnadengeschehen seine Stelle hat, dann wird verständlich und ist ohne weiteres zu erwarten, dass das Echo dieses Kernvorgangs in der Sinnlichkeit des Menschen nicht nur von diesem Vorgang allein bestimmt wird, sondern in dieses Echo ebenso alle anderen Voraussetzungen, die im Visionär gegeben sind, einfließen: unabhängig von der göttlichen Einwirkung vorhandene Vorstellungselemente, Apperzeptionsschemata, selektiv wirkende Einstellungen der Erwartung, des ästhetischen Geschmacks usw.«[2]

Das ist ein schwieriger Text, nicht ohne weiteres verdaulich für Menschen, die nicht vertraut sind mit der theologischen Fachsprache eines so differenzierten Denkers wie Rahner. Deshalb will ich diesen Abschnitt in Normalsprache übertragen. Rahner geht davon aus, dass die göttliche Einwirkung bei einer prophetischen Inspiration nicht so vor sich geht, dass Gott selber direkt und unmittelbar Worte und Bilder eingibt. Vielmehr meint er, dass Gott tief im Herzen des Menschen einen gnadenhaften Anstoß gibt, dessen Sinn und Zielrichtung eindeutig ist, der aber erst im Vorstellungsvermögen des betreffenden Menschen seine Wort- und Bildgestalt erhält. Konkret gesprochen: wenn der Offenbarungsempfänger Maria oder Jesus sieht, so ist sein Bild mitgeprägt von den vielen Bildern und Vorstellungen, die dieser Mensch bereits im Herzen trägt. Und die Botschaften, die Gott durch ihn vermittelt, sind mitgeprägt von dem Wortschatz, über den der Hörer verfügt. Gott garantiert sozusagen nur, dass der Sinn seiner Mitteilung klar zum Ausdruck kommt. Der Ausdruck selber aber wird vom Empfänger mitbestimmt, von seinem Bildungsniveau etwa, von seinem Geschmack und Schönheitsideal und auch von seinen Erwartungen. Noch einmal anders ausgedrückt: der Empfänger einer Offenbarung sieht und hört nicht himmlische Personen und Botschaften »an sich«. Er hört und sieht vielmehr Personen und Botschaften, die in seinem Geist und in seiner Seele und in seiner Vorstellung eine konkrete Gestalt annehmen. An dieser Gestaltwerdung wirkt er selber mit, ohne dass ihm dies bewusst ist.

Wenn man diese »Fleischwerdung« einer himmlischen Botschaft mitberücksichtigt, muss man sich an ihrer Form nicht unnötig stoßen. Es liegt dann in der Natur der Sache, dass es da Qualitätsunterschiede gibt. Selbst an der Christusoffenbarung zeigt sich schon diese »Erniedrigung«. So schreibt Paulus im Brief an die Philipper, dass Jesus Christus Gott gleich war, aber nicht daran festhielt, wie Gott zu sein, sondern sich entäußerte und wie ein Sklave wurde, uns Menschen gleich. »Sein Leben war das eines Menschen; er erniedrigte sich...« (Phil 2, 6-8). Jesus Christus ist in seiner Person das unendliche und ewige WORT Gottes. Als solches kann er in unserer raumzeitlichen Welt nicht in Erscheinung treten, sondern nur in der Knechtsgestalt des Menschgewordenen.

Und weiter: was von dem menschgewordenen Wort Gottes in die Sprache der Evangelien eingegangen ist, kann die ganze Reinheit Jesu Christi nicht vollkommen zur Geltung bringen, sondern nur vermittelt durch die begrenzte Sprachfähigkeit der Evangelisten. Jeder einzelne von ihnen hat zudem eine Art des Sprechens, die seinen Adressaten angemessen war. So hat der anspruchsvolle Stil des Johannes auch damit zu tun, dass er die griechisch gebildete Oberschicht der Jerusalemer Bürgerschaft im Visier hatte. So sieht es jedenfalls der bekannte Bibelwissenschaftler Klaus Berger. Die ersten Hörer und Leser des Johannesevangeliums kannten sich in griechischer Sprache und Denkweise aus. Ihnen konnte das Evangelium in anderer Sprache vermittelt werden als dem einfachen Mann auf der Straße.

Wir haben das eine Evangelium in vierfacher Spiegelung. Das ist nicht zufällig so. Offenbar konnte eine einzige Wiedergabe die Fülle der Person und des Wirkens Christi nicht erfassen. Wenn das schon von den Urkunden der Christusoffenbarung gilt, dann umso mehr von Privatoffenbarungen, die uns in der Kirche durch Propheten vermittelt werden. Und wenn es stimmt, dass Gott sich für seine Botschaften nicht die gescheiten, klugen und besonders gebildeten Leute aussucht, sondern Kinder und einfache Menschen, dann muss man damit rechnen, dass sie nicht in Form exzellenter Philosophie und Theologie daherkommen. Man darf nicht erwarten, dass es sich um Spitzenliteratur handelt. Mir hat in diesem Zusammenhang zu denken gegeben, was im ersten Brief des Apostels Paulus an die Korinther steht: dass Gott das Törichte, Schwache und Niedrige erwählt (1 Kor 1, 18-21).

Um den Botschaften gerecht zu werden, darf man sie nicht an ihrer sprachlichen Qualität messen. Es ist vielmehr zu fragen: Legen diese Botschaften den Finger auf Schwachstellen des gegenwärtigen kirchlichen und christlichen Lebens in Deutschland? Und betonen sie vielleicht Wahrheiten der biblischen Offenbarung, die zur Zeit unterbelichtet sind oder gar ausgeblendet werden? Wenn man das unterläßt, kann es schnell geschehen, dass einem der theologische Hochmut ein Schnippchen schlägt und man unversehens und ungewollt als »Kämpfer gegen Gott« (Apg 5,39) dasteht.

2. Das deutsche Profil der Botschaften

a) Der Einsame im Tabernakel

Es hat lange gedauert, bis ich Geschmack an den Botschaften von Marpingen gefunden habe. Heute mag ich sie gern. Aber anfangs dachte ich: Nein, das geht nicht! Das ist unzumutbar. Zum Beispiel: Jesus als der Einsame im Tabernakel? Jesus im Tabernakel wie in einer Gefängniszelle hinter Verschluss! Das stimmt einfach nicht. Das ist theologisch nicht vermittelbar. Ja, ich dachte: So etwas zu sagen ist unverantwortlich.

Als Theologe hatte ich gelernt, dass Jesus Christus im Sakrament des Altares gegenwärtig ist als der von den Toten Auferstandene. Er existiert nicht mehr so wie zu seinen Lebzeiten vor dem Tod. Er lebt nicht mehr so in Raum und Zeit wie wir. Man kann ihn nicht einschließen. Wie am Ostertag kommt er und geht er durch Türen und Wände. Wenn er sich in der Hostie vergegenwärtigt, darf man sich das nicht so vorstellen, als könnte er leibhaftig Schaden leiden. Es berührt den Leib des Herrn nicht, wenn ein Kelch mit Hostien im Bombenkrieg in Flammen aufgeht. Er entweicht dem Zugriff des Feuers.

Die Gegenwart Jesu ist nicht auf den Raum begrenzt, den die Hostie einnimmt. Er ist wahrhaft und wirklich zugegen in allen Ländern der Erde. Überall auf dem Erdkreis kommen Christen zur Feier der Eucharistie zusammen und er ist dort mitten unter ihnen. Er ist gegenwärtig in allen Tabernakeln aller Kirchen, Klöster und Sakramentskapellen auf allen Kontinenten. Er wird in jeder Minute von Tausenden und Abertausenden angebetet. Wo soll da Einsamkeit sein? Und ist er nicht zugleich im Himmel? Verläßt er etwa den Himmel? Er ist doch ununterbrochen in der Herrlichkeit des Vaters, an der auch seine verherrlichte und verklärte Menschennatur mit Leib und Seele teilhat. Das kann niemand bezweifeln, der den kirchlichen Glauben ernstnimmt. In der himmlischen Herrlichkeit wird ihm jederzeit alle Ehre zuteil: Anbetung und Lobpreis von allen Engeln und Heiligen von Ewigkeit zu Ewigkeit. Noch einmal: wo soll da Einsamkeit sein?

Was soll ein theologisch ausgebildeter und gläubiger katholischer Priester sagen, wenn er in der Botschaft vom 21. August liest: »O Kinder, wenn ihr wüsstet, wie groß sein Schmerz ist, dass man seine Liebe in diesem Sakrament der Heiligen Eucharistie so verschmäht. Er wartet den ganzen Tag auf euch. Die Kirchen sind leer, und er ist einsam. Er ist so einsam, dass ihr es euch nicht vorstellen könnt; denn seine Liebe ist so groß zu euch. Er wartet auf euch jeden Augenblick des Tages. Wie wenig denkt ihr an ihn. Er denkt jeden Augenblick an euch. Besucht ihn in der Kirche. Lasst ihn nicht allein! Seine Sehnsucht ist so groß.«[3]

Ich habe mich gefragt und überlegt: Gibt es eine Enzyklika, einen Lehrsatz der Kirche, eine einzige Bibelstelle oder das Hirtenwort eines einzigen Bischofs, das eine ähnliche Aussage über die Eucharistie macht? Ich kenne keine. Mir kamen weitere Fragen in den Sinn: Kann man mit einer solchen Botschaft evangelisieren und missionieren? Erweckt eine solche Redeweise über Jesus Christus nicht verheerende Vergleiche? Gibt sie ihn nicht der Lächerlichkeit preis? Darf man sich Jesus in der Heiligen Eucharistie wie eine alte Dame im Seniorenheim vorstellen, die mit dem sonntäglichen Besuch ihrer erwachsenen Kinder nicht zufrieden ist, sich jeden Tag beklagt und über unvorstellbare Einsamkeit jammert? Peinlich, peinlich!

An diesem Punkt war mir ziemlich klar: die Erscheinungen und Botschaften von Marpingen können nicht echt sein. Hinzu kam ein weiterer Knackpunkt: Die Heilige Eucharistie ist nicht in erster Linie die konsekrierte Hostie im Tabernakel, sondern die Feier der Eucharistie, zu der sich das Gottesvolk versammelt. Hier dankt die Kirche Gott dem Vater immer wieder für sein Heilshandeln, das er durch Jesus Christus gewirkt hat, besonders für seinen Tod und seine Auferstehung. Hier empfangen die Gläubigen Christi Leib und Blut als geistliche Speise. Dadurch werden sie auf besonders innige Weise mit ihm verbunden und empfangen die Kraft zu einem Leben aus dem Glauben und in der Liebe. Durch diese Vereinigung mit dem Herrn sollen die Christen selber zu lebendigen Tabernakeln seiner Gegenwart in der Welt werden.

Sicher: die konsekrierten Hostien, die nicht kommuniziert werden, bleiben im Tabernakel. Ursprünglich waren sie gedacht für die Austeilung an die Kranken, die nicht an der Eucharistiefeier teilnehmen konnten. Gewiss ist Christus in diesen Hostien gegenwärtig und kann angebetet werden. Aber ursprünglich und eigentlich ist die Heilige Eucharistie als Speise gedacht, als Brot des ewigen Lebens. Ihr erster Sinn ist: lebt euer Leben in Vereinigung mit Christus. Gebt die Liebe weiter, die er euch erweist. Die Eucharistiefeier geht der eucharistischen Anbetung voraus. Ihr Hauptsinn ist die Vereinigung, nicht die Anbetung. In der zitierten Botschaft schien mir dies auf den Kopf gestellt. Es hat Monate gedauert, bis ich die Botschaft vom einsamen Gefangenen im Tabernakel verstanden habe. Monate des Gebetes und der Meditation. Dann ist mir ein Licht aufgegangen. Heute sehe ich es so:

Die soeben aufgezeigte kirchliche Lehre über die Heilige Eucharistie bleibt voll in Geltung. Sie wird durch die Botschaft vom einsamen Gefangenen nicht in Frage gestellt, aber ergänzt. Um das zu verstehen, muss man etwas wissen von der Eigenart des prophetischen Redens im Unterschied zur Sprache christlicher Lehrer und kirchlicher Dogmen. Die kirchliche Lehre ist objektiv, systematisch und möglichst umfassend. Sie arbeitet mit klaren, philosophisch genauen Begriffen. Dagegen ist die Sprache der Propheten von subjektiver Betroffenheit geprägt. Sie nimmt einzelne Gesichtspunkte aufs Korn und ist volksnah. Die Einsamkeit Jesu, die in der prophetischen Rede gemeint ist, bezieht sich auf die ausbleibende Liebe des einzelnen Christen, der sich nicht um die sonntägliche Eucharistiefeier kümmert und die Gegenwart Christi im Sakrament des Altares nicht mehr ernst nimmt.

Wer als getaufter gläubiger Christ die Liebe Christi nicht erwidert, macht ihn in dieser Beziehung einsam und zu einem Gefangenen. Er läßt die Liebe Christi nicht an sich heran. Jede Liebe ist aber auf Gegenseitigkeit angewiesen. Sie kann und will nicht erzwungen sein, auch von Gott nicht. Die prophetische Umkehrpredigt, die von der Einsamkeit Jesu spricht, enthält die erschütternde Botschaft, dass Gottes Liebe in Jesus Christus jedem einzelnen Menschen ganz persönlich gilt. Die Einsamkeit Jesu ist lediglich die Kehrseite dieser wunderbaren Wahrheit. Sie ist keine sozusagen objektive generelle Einsamkeit, sondern ein starker Ausdruck dafür, dass die Liebe Jesu in der jeweiligen Einzelbeziehung nicht angenommen und nicht erwidert wird. »Ich liebe euch so sehr, obwohl ihr mich nicht liebt«, sagt Jesus durch Judith in einer Botschaft vom 12. Erscheinungstag. Unerwiderte Liebe läßt den Liebenden nicht kalt. Sie schmerzt und macht einsam. Sie rächt sich nicht, sondern bleibt als Sehnsucht bestehen.

Sehnsucht! Damit sind wir bei einem Stichwort, das in der mystischen Theologie seinen Platz hat. Bei Mechthild von Magdeburg beispielsweise finden wir viele Hinweise auf die Sehnsucht. Auf die Sehnsucht des Menschen nach Gott, aber auch auf die Sehnsucht Gottes nach dem Menschen. In ihrem Aufzeichnungen, zusammengefasst in dem Buch DAS FLIESSENDE LICHT DER GOTTHEIT, ist an zahlreichen Stellen die Rede von dieser Sehnsucht. Die zunächst befremdliche Einsamkeit Jesu stellt jeden Christgläubigen vor die Frage: Glaubst du daran, dass Gott dich ganz persönlich liebt? Und: Nimmst du diese Liebe an? Antwortest du darauf? Antwortest du darauf auch mit der Teilnahme an der Heiligen Eucharistie?

Wie sieht es damit aus in unseren deutschen Gemeinden? Die Teilnahme der Gläubigen an den Sonn- und Feiertagsgottesdiensten ist bundesweit unter 20% gefallen. In manchen Stadtgemeinden nehmen nicht einmal mehr 10% der Pfarrangehörigen daran teil. In den ost- und südeuropäischen Ländern sind es bei der katholischen Bevölkerung viel mehr. Die recht verstandene Botschaft von der Einsamkeit Jesu im Tabernakel hat damit ein klares prophetisches Profil für Deutschland.

b) Beichtet wieder!

Schlechter noch als mit der Teilnahme am Sakrament des Altares steht es in den deutschsprachigen Ländern mit dem Empfang des Bußsakramentes. Die Beichtstühle stehen leer. Viele Pfarrer haben resigniert und bieten dieses Sakrament überhaupt nicht mehr regelmäßig an. Wer es noch tut und am Samstag für eine Stunde im Beichtstuhl oder Beichtzimmer auf Menschen wartet, die beichten möchten, kann fast immer in aller Ruhe sein Brevier beten oder an seiner Sonntagspredigt feilen. Beichten? Nein, danke! Die meisten Katholiken haben die Beichte abgeschrieben.

Das war vor 50 Jahren ganz anders. Als ich in der Karwoche 1955 meinen Dienst in der Kirche St. Dionysos in Rheine antrat, kam ich am Nachmittag um 14.30 Uhr zum Pfarrhaus. »Heute gibt es in der Kirche einiges zu tun“, meinte der Pastor nach der ersten Begrüßung. Bei einer Tasse Kaffee munterte er mich auf: »Wird schon gutgehen?« Mit dem Glockenschlag betraten wir um 15.00 Uhr die weiträumige Kirche. Ich hatte gehofft, mich noch etwas sammeln und vorbereiten zu können; aber, o Schreck! An beiden Beichtstühlen standen die Leute in Doppelreihen vor den beiden Eingängen zu den Beichtstühlen: auf der einen Seite bis zum Chorraum, auf der anderen Seite bis hinten in den Turm!

Nein, das ging gar nicht gut? Natürlich hatte ich die lateinische Lossprechungsformel im Kopf: Ego te absolvo a peccatis tuis in nomine patris et filii et Spiritus sancti. Amen. Aber das war auch schon fast alles, was ich tun konnte. Zu einer klärenden Rückfrage war kaum Zeit. Zum Beispiel, wenn eine erwachsene Frau bekannte, dass sie ihren Eltern gegenüber ungehorsam gewesen sei. Oder wenn ein gebrechlicher alter Mann sich anklagte, dass er an drei Sonntagen nicht in der Kirche gewesen sei. Zu einem persönlichen Gespräch langte es schon gar nicht. Auch nicht, wenn jemand »total am Boden lag« und ein Trostwort ihm gutgetan hätte.

Ob solche Massenbeichten im Sinn des Herrn waren? Das Bußsakrament hatte eine Erneuerung nötig und zwar in vieler Hinsicht. Wer heute darüber jammert, dass die Beichte inzwischen ganz »den Bach runter« gegangen ist, sollte sich die Fehlentwicklungen vor Augen halten, durch die es verdunkelt worden ist. Derartige Zusammenbrüche kann man nicht auf eine einzige Ursache zurückführen. Etwa, dass es heute gar kein Sündenbewusstsein mehr gäbe. Oder dass heute sich jeder selbst die Lossprechung geben würde. Ich kenne viele gläubige Katholiken, die regelmäßig am Sonntagsgottesdienst teilnehmen, in ihren Gemeinden vorbildlich leben und mitarbeiten, aber seit vielen Jahren nicht mehr beichten. Wenn ich mit ihnen darüber ins Gespräch komme, nennen sie Gründe.

Einige seien hier genannt. In ihrer Jugend war die monatliche Beichte ein Zwang. Eltern, Lehrer und Priester achteten darauf, dass man an dem festgesetzten Samstagnachmittag nicht fehlte. Dabei war ganz unerheblich, ob man sich schuldig fühlte oder ein reines Gewissen hatte. Es war eben der Beichtnachmittag für eine bestimmte Schulklasse. Bei der Gewissenserforschung schaute man weniger in sein Leben und in sein Gewissen, sondern in einen sogenannten Beichtspiegel: Habe ich unandächtig gebetet, gezankt, genascht, gelogen? War ich ungehorsam? Habe ich meine Schularbeiten gemacht? Solche Beichtspiegel hatten erhebliche Mängel. So fehlte meistens eine Besinnung auf Ursachen, Umstände und Absichten. Sie waren orientiert an einer fragwürdigen Moraltheologie.

Ich zitiere aus der Katholischen Moraltheologie von Heribert Jone, nach der wir Seminaristen für den Dienst im Beichtstuhl ausgebildet wurden: »Eine direkt gewollte geschlechtliche Regung ist immer schwer sündhaft, mag sie auch noch so kurz und unbedeutend sein« (13. Auflage, S. 180)[4]. Es war damals weitgehend herrschende Meinung, dass es im ganzen Bereich der Sexualität keine lässlichen Sünden gebe, sondern nur schwere Sünden, also Todsünden. Egal ob es sich um Tatsünden oder lediglich um gedankliche Vorstellungen oder den neugierigen Blick auf den unbekleideten menschlichen Leib handelte.

Zum kirchlichen Fastengebot: »Sicher begeht noch keine schwere Sünde, wer an einem Fasttag außerhalb der einzelnen Mahlzeiten etwa 60 Gramm Brot zu sich nimmt, wohl aber, wenn er mehr als 120 Gramm zu sich nimmt, gleich ob dies auf einmal geschieht oder bei verschiedenen Gelegenheiten« (S. 314). Bedenkt man dazu, dass man als Zweit- oder Drittklässler schon lernte, dass auf lässliche Sünden die Fegfeuerstrafe steht und auf schwere Sünden die Höllenstrafe, dann kann man ermessen, welche Ängste und wieviel Skrupelhaftigkeit eine solche Beichterziehung in sensiblen kindlichen Gemütern verursachen konnte.

Eine besonders schlimme Folge war die Gottesvorstellung, die damit fast zwangsläufig vermittelt wurde. Gott erschien nicht als liebender Vater, bei dem man sich geborgen wissen darf. Viele Gläubige wurden beherrscht von der Vorstellung eines Aufpassergottes, der einem ständig auf die Finger schaut und mit harten und härtesten Strafen droht. Man mag sagen: Das ist Schnee von gestern! Wo gibt es das denn heute noch? Richtig. Aber frühkindliche Traumatisierungen wirken oft nach bis ins hohe Alter. In Altenheimen trifft man noch heute nicht wenige Menschen, die sich ängstlich fragen, ob ihre früheren Beichten gültig gewesen sind. Sie werden von der Frage geplagt, ob sie damals auch wirklich jede einzelne Sünde nach Art und Zahl benannt und echt bereut haben. Denn das war ja die Voraussetzung für eine gültige Lossprechung.

Ich bringe das hier in Erinnerung, weil ich vor diesem Hintergrund plausibel machen kann, dass die Aufforderung der Muttergottes »Beichtet wieder« bei vielen, vor allem bei älteren Menschen zwiespältige Gefühle wachruft.

»Meine Kinder, die Sündenflut, die von der Erde zum Himmel steigt, ist nicht mehr annehmbar. Es ist die größte Beleidigung Gottes, die geschehen kann, dass die Menschen seine Barmherzigkeit nicht in Anspruch nehmen. Seine Barmherzigkeit fließt im Sakrament der Heiligen Beichte und steht für alle Menschen bereit. Doch es schmerzt den Herrn sehr, dass ihr dieses Geschenk nicht annehmt. Es ist das Geschenk seiner Liebe, das er euch durch seinen Tod am Kreuz verdient hat.«

Als ich diese Botschaft las, dachte ich: Wie viele Menschen haben denn überhaupt die Chance gehabt, dieses Sakrament als eine Begegnung mit dem liebenden Vatergott zu erleben? Für die nicht wenigen

Katholiken, die durch ihre Beichterziehung seelisch verletzt und verschreckt worden sind, kann es keine Beleidigung Gottes sein, wenn sie nicht mehr zur Beichte gehen. Ich erinnere mich an an den Kommentar eines geistlichen Freundes zum Zusammenbruch der herkömmlichen Beichtpraxis. Er sagte: dieser Zusammenbruch war providentiell! Gott selber hatte daran keine Freude mehr.

Inzwischen sehe ich die Botschaft von Marpingen aus einem anderen Blickwinkel. Die damaligen Probleme mit einer verzerrten Moraltheologie und mit einer fragwürdigen Beichtpraxis sind nicht mehr da. Die heutige Moraltheologie hat sich an den biblischen Quellen und aus tieferen Einsichten in die Natur des Menschen erneuert. Erneuert hat sich auch der Umgang mit dem Bußsakrament. Besonders in seiner Form als Beichtgespräch eröffnet dieses Sakrament heute einen Raum, in dem der Beichtende Angenommensein, Ernstgenommensein und persönliche Zuwendung erfährt. Er darf Fragen stellen und Zweifel äußern, kann in Ruhe seine Lebensumstände darlegen und hilfreiche Anregungen empfangen. Wenn er es wünscht, erhält er kundige Begleitung durch lebenserfahrene Seelsorger und geistlich ausgebildete Priester.

Aber noch wird diese Möglichkeit in den Gemeinden kaum wahrgenommen. Anstatt zu beichten laufen die Menschen in ihrer seelischen Not den Psychotherapeuten die Türen ein, die keine Vollmacht haben im Namen Gottes Schuld zu vergeben. Nicht wenige dieser Seelenärzte reden den Leuten ihre Schuld aus und versperren ihnen damit den Weg in eine wirkliche Freiheit. Die Quelle von Heilung und Vergebung, die Gott uns im Bußsakrament eröffnet hat, bleibt für die meisten Zeitgenossen verschlossen. Wie befreiend es sein kann, wenn ein Mensch von heute das Gottesgeschenk der Beichte wieder entdeckt, davon hat uns Gabriele Kuby ein bewegendes Zeugnis gegeben. Die Autorin des Buches MEIN WEG ZU MARIA[5] hat in einer Talkshow bei Jürgen Fliege bekannt, wie außerordentlich sie dieses Sakrament schätzt. Vor ihrer Bekehrung hat sie jahrzehntelang die ganze Esoterikszene abgesucht. Das, was wirklich heilt und hilft, fand sie zum guten Ende in der Kirche und in den Sakramenten.

Der Tag wird kommen, wo das Bußsakrament auch in unseren Gemeinden neu entdeckt wird. Die Botschaft von Marpingen weist aber nicht nur den Gläubigen in der Kirche, sondern auch den Amtsträgern den Weg. Sie müssen das Sakrament der Versöhnung so verwalten, dass darin die Liebe und Barmherzigkeit Gottes erfahren werden. Sie dürfen es nicht missbrauchen als ein Instrument moralischer Gängelung und pädagogischer Disziplinierung.

c) Gehorcht dem Papst

Die große Mehrheit der deutschen Katholiken hat die Teilnahme an der sonntäglichen Eucharistiefeier aufgegeben. Die meisten Mitglieder unserer Pfarrgemeinden sehen den Beichtstuhl als ein museales Möbelstück an, das nicht mehr gebraucht wird. Sie erfüllen nicht einmal mehr die vom Kirchengebot angemahnte Pflicht, dieses Sakrament wenigstens einmal im Jahr, zur österlichen Zeit, zu emfangen. Es liegt damit auf der Hand, dass die entsprechenden Botschaften von Marpingen ein typisch deutsches Profil haben. Sie weisen auf Schwachstellen im Leben der deutschen Katholiken hin. Es sind prophetische Botschaften für Deutschland. Noch deutlicher wird das bei der Aufforderung: Gehorcht dem Papst! Vermutlich gibt es kein zweites Land auf der Welt, in dem der Papst so sehr kritisiert wird wie bei uns - vielleicht Holland ausgenommen.

Das hat einsehbare Gründe. Die Hauptursache liegt in der Reformation, die bis heute nachwirkt. Die Christen unseres Landes sind noch immer gespalten. Mögen die Ursachen der Kirchenspaltung im 16. Jahrhundert inzwischen längst behoben sein - der römische Ablasshandel etwa und die Verderbtheit einiger Päpste der Renaissancezeit -, die Folgen wirken nach bis in unsere Tage. Ein anderer Grund liegt in unserer politischen Vergangenheit. Viele Deutsche sind in den 30er Jahren allzu gehorsam den Naziparolen gefolgt. Preußischer Gehorsam! Gut 20 Jahre nach dem 2. Weltkrieg setzte mit der studentischen Revolution von 1968 eine antiautoritäre Wende ein. Sie färbte ab auf das Verständnis von kirchlicher Führung. Im Gefolge des II. Vatikanischen Konzils traten wieder alte demokratische Elemente im Leben der Kirche zutage. In Übereinstimmung mit der biblischen Tradition sah man den Papst eingebunden in das Bischofskollegium. Die Bischöfe verstanden sich wieder als Nachfolger der Apostel mit eigener Vollmacht für ihre Teilkirchen. Darüber hinaus hatte das Konzil sie auch wieder auf ihre Mitverantwortung für die Gesamtkirche hingewiesen. Dabei blieb der Vorrang des Bischofs von Rom unbestritten. Aber man sah ihn wieder deutlicher nach dem neutestamentlichen Vorbild: Petrus im Kreis der Apostel!

Die neuorientierung der kirchlichen Führung im Sinne bischöflicher Kollegialität schlug durch bis auf die Basis. In der Priesterschaft fast aller Bistümer in der Bundesrepublik Deutschland entwickelten sich Gruppen, die in Anlehnung an gewerkschaftliche Vorbilder für ihre vermeintlichen Rechte stritten. Gestützt auf das Konzil entstanden in allen Pfarrgemeinden Räte, in denen Laien als Mitarbeiter des Pfarrers Dienste übernahmen. Das war zweifellos eine gute Sache. Aber es blieb nicht aus, dass es in der Folgezeit auch zu Abstimmungsschwierigkeiten kam und neue Fragen auftauchten wie: Dürfen die Laien nur beraten oder können sie auch mitentscheiden? Wenn ja, in welchen Fragen? Wo liegen die unaufgebbaren Kompetenzen des Pfarrers? Hat der Pfarrer ein Vetorecht? In welchen Fragen haben Laien die Zuständigkeit?

Dann kam es zu einem einschneidenden Ereignis. Papst Paul VI. erließ die Enzyklika HUMANAE VITAE. Sie brachte im Vergleich mit der herkömmlichen Lehre der Kirche beachtliche Fortschritte. So wurde die Liebe der Partner als Ehezweck hervorgehoben und dem Ehezweck der Nachkommenschaft gleichrangig zugeordnet. Die Anzahl der Kinder zu bestimmen, wurde dem Gewissen der Eheleute überlassen (in der landläufigen Pastoral dagegen hieß es oft: die Anzahl der Kinder bestimmt der liebe Gott - was man richtig, aber auch falsch verstehen konnte). Der eigentliche Knackpunkt war das Verbot, bei der Bestimmung von Zahl und Zeitpunkt der Empfängnis sich künstlicher Mittel zu bedienen. Das entsprach gar nicht den Erwartungen breiter Schichten im Kirchenvolk. Man wusste, dass der Papst eine Kommission eingesetzt hatte, um das Problem zu klären. Die Mehrheit dieser Kommission hatte sich mit Kardinal Julius Döpfner dafür ausgesprochen, den Eheleuten, die aus Gewissensgründen keine weiteren Kinder mehr haben konnten, die Wahl der Mittel zu überlassen. Die Enzyklika wurde nicht unwidersprochen hingenommen. Die Laien fragten sich: wer ist in solchen Fragen kompetent? Zölibatäre Prälaten in Rom oder verheiratete gläubige Christen, die im Sakrament der Ehe miteinander verbunden sind? Die deutschen Bischöfe gerieten in Führungsnot und zudem in Handlungszwang. Das bekannte Ergebnis war die Königsteiner Erklärung.

Ich erinnere daran, um verständlich zu machen, wie brisant die Marienbotschaft von Marpingen für eine Öffentlichkeit ist, die durch die aufgezeigten Konflikte hindurch gegangen ist. Als Judith am sechsten Erscheinungstag von einem Priester in ihrer Nähe gefragt wurde, ob Maria auch eine Botschaft für die Priester habe, sagte sie: »Sie wünscht die Treue zum Heiligen Vater in allen Dingen. Vor allem sollen die Priester den Papst lieben aus ganzem Herzen und ihren Gläubigen diese Liebe überbringen, damit auch die Gläubigen wieder anfangen, nicht auf den Papst zu schimpfen, sondern den Papst zu lieben ...«.

Am neunten Erscheinungstag, dem achten August, hörte Christine die Botschaft: »Ich fordere euch heute auf, meinen Papst zu lieben und ihm zu folgen. Betet für ihn und betet mit ihm. Es ist mein Papst, und ich wünsche, dass ihr ihm nachfolgt und ihm gehorcht. Verhöhnt ihn nicht und zweifelt nicht seine Entscheidungen an. Er steht im Dienste des Himmels und handelt so, wie wir es wünschen.« In dem Buch DIE BOTSCHAFTEN VON MARPINGEN heißt es an dieser Stelle in einer Zwischenbemerkung: »An dieser Stelle vernahm Judith schon Worte über den Papst, wollte sie aber aus Angst nicht aussprechen. Deshalb herrschte eine kurze Stille. Etwas später beginnt Judith dann doch und spricht aus, was Maria sagt: »Ich bin noch einmal gekommen, um euch noch weiter zu lehren, meinen ersten vielgeliebten Sohn, meinen Papst, den ich von Herzen liebe und der sich mir mit ganzem Herzen und mit seinem ganzen Sein geweiht und übergeben hat ... euch zu zeigen, wie ihr ihm begegnen sollt.«

Es folgt dann noch ein längerer Abschnitt, aus dem drei Sätze angeführt seien: »Ihr müsst auf seine Worte hören; die Worte, die er euch sagt, sagt er in unserem Auftrag ... Die Liebe, die er ausstrahlt, das ist meine

Liebe und die Liebe meines göttlichen Sohnes... Hört auf den Papst; er ist das Licht in eurer Zeit, das Gott euch auf meine Fürsprache hin geschenkt hat...«.

Zu der Zeit, als diese Botschaften ergingen, war die Lage zwischen Rom und den deutschen Bischöfen gespannt. Es ging um die Frage, wie man den besten Schutz für das ungeborene menschliche Leben gewährleisten könnte. Von Rom kam die dringende Mahnung, auf die Herausgabe eines Beratungsscheins zu verzichten. Mit einem solchen Schein konnten schwangere Frauen eine Abtreibung vornehmen lassen ohne dafür bestraft zu werden. Die Mehrzahl der deutschen Bischöfe war überzeugt, dass die Beteiligung der Kirche an der gesetzlich vorgeschriebenen Beratung unter den gegebenen politischen Verhältnissen das geringere Übel sei; denn – so war die Meinung – würde die Kirche aus der gesetzlichen Beratung aussteigen, würde »Pro Familia« in die Lücke springen. Und deren Beratung würde weniger entschieden auf das Leben des ungeborenen Kindes ausgerichtet sein als die Beratung in den kirchlichen Stellen.

Bis auf Johannes Dyba, den Bischof von Fulda, der schon früher aus der staatlich geförderten Beratung ausgeschieden war, wollten die anderen Bischöfe wie bisher weiter in der Schwangerenkonfliktberatung gemäß den deutschen Gesetzen bleiben. In dieser Zeit also erging der Aufruf der Marpinger Botschaften zum Gehorsam gegenüber dem Papst. Sofort hatten schnelle Ausleger der Botschaften die Hauptadressaten ausgemacht: die widerspenstigen deutschen Bischöfe!

Wo immer ich auf diese Auslegung gestoßen bin, habe ich Widerspruch eingelegt. Aus drei Gründen: zum einen, weil die Botschaften mit keinem Wort in diese Richtung weisen. Zum andern, weil Prophetische Botschaften an jeden gerichtet sind, der sie hört. Wer also meint, sich selber heraushalten und auf andere zeigen zu können, versteht wenig vom Sinn der Prophetie. Drittens aber kann diese Deutung nicht zutreffen, weil kein einziger deutscher Bischof sich des Ungehorsams gegen den Papst schuldig gemacht hat. Ich will das an einigen Beispielen zeigen. Der Bischof von Münster, Reinhard Lettmann, hat in seiner Bistumszeitung vor dem Gespräch mit dem Papst, zu dem alle deutschen Bischöfe eingeladen waren, erklärt, dass nach seiner Überzeugung die bisherige Regelung den relativ besten Schutz des ungeborenen Lebens gewährleisten würde. Diese seine Überzeugung würde er auch dem Papst gegenüber vertreten und begründen. Für den Fall aber, dass er den Heiligen Vater nicht überzeugen könnte und dieser letztlich eine andere Entscheidung treffen würde, wolle er das selbstverständlich annehmen und sich im Bistum Münster danach richten. Genau das hat er dann auch getan.

Wie der Bischof von Münster war auch der Bischof von Trier, Hermann Josef Spital für die Beibehaltung der kirchlichen Beratung im Rahmen der gesetzlichen Regelung. Als die Gespräche in Rom im Endergebnis aber darauf hinausliefen, ab dem ersten Januar 2001 die Ausgabe eines Beratungsscheins zu verweigern, erklärte er ohne Umschweife: Der Papst hat den Jurisdiktionsprimat inne und damit das Recht so zu entscheiden. Er gehorchte dem Papst und wies darauf hin, dass dieser damit ja auch die Verantwortung übernehme. Schließlich der Bischof von Limburg, Franz Kamphaus. Der sah sich aus Gewissensgründen nicht in der Lage der päpstlichen Bitte zu entsprechen und aus der Beratung mit Schein auszusteigen. Er unternahm eine Wallfahrt nach Assisi, auch um seine Verbundenheit mit dem Papst zu betonen. Wie bekannt ist, hat man in Rom diese

Haltung gewürdigt. Das Bistum Limburg bekam das Recht zugestanden, ein weiteres Jahr in der bisherigen Beratung zu bleiben. Man einigte sich für diese Zeit auf eine Qualitätskontrolle. Es sollte ermittelt werden, ob das Ergebnis der »Limburger Beratung« diesen Weg rechtfertige. Inzwischen hat der Papst entschieden, dass auch im Bistum Limburg kein Beratungsschein mehr ausgestellt wird. Der Papst hat in einem persönlichen Gespräch Bischof Kamphaus, der sein Amt zur Verfügung stellen wollte, gebeten, weiter Bischof von Limburg zu bleiben. Damit erwies er der Gewissensentscheidung von Kamphaus seinen Respekt, wie dieser seinerseits die Gewissensentscheidung des Papstes und dessen Recht anerkannte, anders zu entscheiden.

Ich habe diese Beispiele herangezogen, um vor einem Missverständnis der Botschaft von Marpingen zu warnen. »Gehorcht dem Papst«, das ist völlig richtig und gut katholisch. Und alle deutschen Katholiken sollten sich diesen Aufruf zu Herzen nehmen. Aber es bleibt doch zu fragen: Was heißt das? Das kann doch nicht bedeuten, dass z.B. die deutschen Bischöfe ihre Mitverantwortung nicht mehr wahrnehmen. Sie sind erstverantwortlich für die Seelsorge in ihren Ortskirchen. In jedem Land sind die politischen Rahmenbedingungen unterschiedlich. Was in einem Land sinnvoll und durchsetzbar ist, muss in einem anderen Land nicht ebenso sein. Polen beispielsweise hat eine staatliche Regelung, nach der eine Abtreibung innerhalb einer festgesetzten Frist freigegeben ist – ohne Beratung! Die deutschen Bischöfe haben jahrelang mit vielen Politikern gegen eine Fristenlösung angekämpft und sie verhindern können. Freilich um den Preis einer Lösung, die nicht optimal ist, aber sicher besser als eine Fristenlösung ohne Beratung.

Übrigens hat der Papst, der mit der polnischen Regelung höchst unzufrieden ist, den deutschen Bischöfen zwischenzeitlich zugestimmt. Er war der Meinung, dass die »Schein-Lösung« annehmbar sei, falls die deutschen Bischöfe sich darin einig seien. In der Hauptsache gab es ja ohnehin volle Übereinstimmung. Alle deutschen Bischöfe halten mit dem Konzil daran fest, dass Abtreibung ein »verabscheuungswürdiges Verbrechen« ist. Strittig war auch nicht die Pflicht, den bestmöglichen Schutz des ungeborenen menschlichen Lebens zu gewährleisten. Strittig war einzig und allein die Frage, wie man unter den gegebenen politischen Verhältnissen das ungeborene Leben am besten schützen könnte. Allein darum ging es.

Es ist bezeichnend, dass sich der Papst mit seiner dringenden Bitte, den Beratungsschein nicht mehr auszustellen, auf seine Aufgabe berufen hat, für die Einheit des Bischofskollegiums zu sorgen. Denn als die »Lösung mit dem Schein« schon beschlossen war, kam es zu einem Zwischenfall. Als Kardinal Meisner feststellen musste, dass die vorgesehene Regelung in den weltlichen Medien heftig kritisiert und von einigen Zeitungen gar als heuchlerisch verdächtigt wurde, verstärkten sich bei ihm die Bedenken, die er schon vorher in sich trug. Deshalb bat er in Rom darum, die ganze Sache noch einmal aufzurollen. Da erst sah sich Johannes Paul II. veranlasst einzuschreiten. Nicht als oberster Lehrer in Sachen Glaube und Moral, sondern als Schlichter in einer Bischofskonferenz, die sich nicht einigen konnte.

Gehorcht dem Papst! Das ist und bleibt wichtig und richtig. Aber damit kann nicht gemeint sein, dass ein Katholik den Spruch seines Gewissens missachten dürfte. Kein geringerer als der »doctor angelicus« der Theologie, Thomas von Aquin, lehrt, dass jeder seinem Gewissen folgen muss, selbst wenn das Gewissen irrt, dieser Irrtum aber nicht überwunden werden kann. Dementsprechend betont auch das II. Vatikanum in der Pastoralkonstitution GAUDIUM ET SPES: »Das Gewissen ist die verborgenste Mitte und das Heiligtum im Menschen, wo er allein ist mit Gott, dessen Stimme in diesem seinem Innersten zu hören ist« (Art. 16).

So richtig das ist, so bleibt immer wieder zu betonen, dass jeder auch verpflichtet ist, für die Bildung seines Gewissens zu sorgen. Das Gewissen funktioniert nicht wie ein Automat. Es braucht zu seiner Bildung viel Wissen, das Ge-Wissen! Auch viel Glaubenswissen. Wer sich auf sein Gewissen beruft, ist sich selber und anderen, besonders Gott gegenüber verpflichtet Rechenschaft zu geben über die Gründe, die ihn bewegen. Das persönliche Gewissen, wie die Kirche es versteht, ist etwas anderes als die eigene Vorliebe, die eigene Freiheit. Das Gewissensurteil hält sich frei von persönlichen Wünschen oder Ängsten. Es liegt nicht in der Verlängerung oder auf der Linie des eigenen Vorteils. Wer aufrichtig der Stimme Gottes folgen will, muss grundsätzlich entschieden sein zu gehorchen, koste es, was es wolle. Wer eine solche Grundentscheidung nicht getroffen hat, steht in der Gefahr, die Stimme der eigenen Interessen mit der Stimme Gottes zu verwechseln.

Die Botschaften von Marpingen, die auf den gegenwärtigen Papst Johannes Paul II. Bezug nehmen, klingen ungewohnt. Ungewohnt auch für Menschen mit theologischem Sachverstand. So zum Beispiel, wenn Maria von »ihrem« Papst spricht. Oder wenn sie sagt, dass Gott ihn auf ihre Fürsprache hin uns geschenkt hat. Ungewohnt ist auch, wenn Maria sagt, dass der Papst so handelt, »wie wir es wünschen«, und dass er seine Worte »in unserem Auftrag« sagt. Hier dürften vor allem evangelische Theologen die Luft anhalten. Stellt sich Maria hier nicht mit ihrem Sohn, ja mit dem Vater im Himmel auf eine Stufe? Nun, das sollte man aus diesen Bemerkungen nicht herauslesen. Denn Maria spricht klar von ihrer »Fürsprache«. Und hier sollten sich auch die Theologen eingestehen, dass sie von der Mitwirkung der Heiligen im Himmel mit dem Handeln Gottes nicht sehr viel wissen.

Wenn Gott schon auf Erden Menschen in sein Heilshandeln einbezieht - durch den Dienst der Kirche, der Eltern und Lehrer bei der Vermittlung des Glaubens beispielsweise -, sollte das dann im Himmel so ganz anders sein? Wer sagt denn, dass die in Gott vollendeten Menschen sich nicht mehr für das interessieren, was auf der Erde vor sich geht? Sollten sie gar keine Möglichkeit haben zu intervenieren und »mitzumischen«? Wenn schon das Kollegium der Kardinäle maßgeblich an der Wahl des Papstes beteiligt ist, sollte dann die »Königin des Himmels« nicht mit im Spiel sein können? Mir kam bei solchen Gedanken das Wort in den Sinn, das manche Prediger gern Jesus in den Mund legen: »Ich habe keine anderen Hände als eure Hände«. Sieht es Gott nicht ähnlich, dass er uns Menschen mit allen unseren Begabungen einschließt in das, was er tut? Sollte die Frau, durch die er seinen Eingeborenen in die Welt brachte, davon ausschliessen? Das kann mir keiner plausibel machen!

Gehorcht dem Papst! Liebt den Papst! Ist das für einen Katholiken eine Überforderung? Papst Johannes Paul II. ist der Mann, dem Gorbatschow bescheinigt hat, dass er beim Zusammenbruch des kommunistischen Ostblocks eine entscheidende Rolle gespielt hat. Er ist ein Mystiker, der Klugheit und Gelassenheit aus spiritueller Tiefe gewinnt. Wenn er vor einem Tabernakel kniet, scheint alles um ihn herum zu versinken. In Paris und anderen Metropolen der Welt versammeln sich Millionen junger Menschen aus allen Erdteilen und lassen sich von diesem alten Mann für ein Leben aus dem Glauben an Jesus Christus begeistern.

Er betet in Assisi mit Vertretern aller Religionen, die an einen persönlichen Gott glauben. Bei seinem letzten Besuch im Nahen Osten balancierte er fast mühelos auf dem glatten Parkett zwischen Juden und Muslimen, zwischen katholischen und orthodoxen Christen. In einem weltweit beachteten Bußgottesdienst im Heiligen Jahr benannte und beklagte er kirchliches Fehlverhalten und rief zur Umkehr auf. Erst kürzlich schrieb er an das große chinesische Volk einen persönlichen Brief und bat um Verzeihung für Unrecht, das Christen ihm früher angetan haben im Eifer wenig erleuchteter Missionierung. Seit vielen Jahren kämpft er für eine Kultur des Lebens und gegen eine Zivilisation des Todes.

Nein, es kann nicht schwer sein, einen Menschen von seiner Größe und Lauterkeit zu lieben. Gehorcht dem Papst! Liebt den Papst! Maria ruft dazu auf. Viele haben sich längst auf den Weg gemacht, nicht erst seit Marpingen. Vor zehn Jahren besuchte ich die »Gemeinschaft der Seligpreisungen« mit einigen Priestern und Laien. Es handelt sich um eine junge Ordensgemeinschaft, die in Frankreich entstanden ist und heute in vielen Ländern lebt und evangelisiert. Sie hat eine Kommunität am Niederrhein und inzwischen in weiteren Bistümern. Wir waren daran interessiert, unter anderem auch mit ihnen über Probleme zu reden, die Rom und die deutsche Kirche betrafen. Wir bekamen die freundliche, aber feste Antwort: Das möchten wir nicht. Zum einen kennen wir eure Probleme zu wenig; zum anderen haben die Anordnungen Roms und die Entscheidungen der Bischöfe, in deren Diözesen wir leben und wirken, grundsätzlich einen Vertrauensvorschuss. Wir enthalten uns jeglicher Kritik. Das gehört zu unserer Spiritualität.

Ein anderes Beispiel. Wir haben in Münster einen Gebetskreis, der sich wöchentlich zu einer abendlichen eucharistischen Anbetung trifft. Sie dauert zwei Stunden. Die meisten der 20 - 30 Teilnehmer sind junge Leute. Viele studieren an der Uni Münster oder an anderen Schulen. Einige sind schon berufstätig und verheiratet. Der Kern dieser Gebetsgruppe wird von Mitgliedern einer Gemeinschaft gebildet, die schon über das Bistum hinaus verbreitet ist und sich TOTUS TUUS nennt. Eine neue geistliche Gemeinschaft, die vor allem unter Jugendlichen evangelisiert und sich als Namen den Wappenspruch des Papstes ausgesucht hat. Totus tuus! Ganz der Deine! Wie der Papst diesen Spruch versteht, ist kein Geheimnis. Papst Johannes Paul II. hat sich ganz der Gottesmutter anvertraut. Die neue Gemeinschaft tut es ebenso. Alle Mitglieder kennen und schätzen den Marienwallfahrtsort Medjugorje in Bosnien/Herzegowina. Nicht wenige haben dort eine Bekehrung erlebt. Sie alle sind Fans des Papstes. Sie gehorchen ihm, und sie lieben ihn.

d) Hört auf mit dem Töten!

An zwei von den insgesamt 13 Erscheinungstagen gab es Visionen und Auditionen, die sich mit der Abtreibung befassten. Am 20. August sieht Marion die Muttergottes umgeben von kleinen Kindern. Christine sieht nicht, hört aber und kommentiert: Sie (Maria) hat gesagt, das sind die Kinder, die ihr Menschen nicht gewollt habt.« Darauf ergänzt Marion: »Aber nicht alle; teilweise Fehlgeburten.« Am fünften September kommt Maria auf dieses Thema zurück. Diesmal spricht Judith eine längere Botschaft, in der es u.a. heißt: »Ich bin heute wieder mit den Kindern gekommen. Marion hat sie schon beschrieben. Ich bin gekommen, um euch wiederum aufzufordern mir zu helfen, dass dieses Töten in eurem Land aufhört.

Dieses Töten schreit zum Himmel. Es ist etwas, was Gott sehr viel Schmerzen bereitet ... Betet viel, dass euer Land aufhört, die vielen Kinder zu töten. Die Kinder sind zwar bei uns im Himmel, aber die Menschen, die das tun, die sind in Gefahr, auf ewig verloren zu gehen.« [6]

Abtreibungen werden in allen Ländern der Erde vorgenommen. Dennoch ordne ich diese Botschaft in den Abschnitt »Das deutsche Profil der Botschaften« ein. Dafür habe ich gute Gründe. Bei uns ist die Abtreibung besonders verabscheuenswürdig, weil unser Land reich ist. Wir könnten diese Kinder ohne unüberwindliche Schwierigkeiten aufnehmen. Mögen einzelne Frauen arm sein und wirtschaftliche Not als Grund für eine Abtreibung angeben, so stehen bei uns doch genügend adoptionswillige kinderlose Ehepaare bereit diese Kinder anzunehmen. Zudem sind wir das geburtenschwächste Land Europas mit einem Durchschnitt von 1,4% Kinder pro Familie. Die ca. 300 000 Kinder, die jährlich in Deutschland abgetrieben werden, würden gerade ausreichen, unsere Bevölkerungszahl konstant zu halten.

Es muss zu denken geben, dass die Anzahl der Ausländer, die Jahr für Jahr in unser Land kommen, ungefähr der Anzahl der Abtreibungen entspricht. Manchmal kommt es mir vor, es sei eine Gnade des Himmels, dass uns die Möglichkeit geschenkt wird, an diesen Einwanderern, Flüchtlingen und Asylsuchenden »wiedergutzumachen«, was wir dem eigenen Nachwuchs antun. Ein weiterer Grund, warum Abtreibung in Deutschland besonders betroffen machen muss, liegt in unserer Geschichte. Der von Deutschland ausgegangene Weltkrieg hat an die 50 Millionen Tote gekostet. Es würde uns gut anstehen, wenn wir uns unter den Völkern der Erde wenigstens dadurch auszeichnen würden, dass wir die niedrigste Zahl an

Abtreibungen zu beklagen hätten, dafür aber an erster Stelle bei der Aufnahme hilfsbedürftiger Ausländer stehen würden. So könnten wir vorangehen bei dem Aufbau einer Kultur des Lebens und bei der Überwindung einer Zivilisation des Todes.

Die Botschaften von Marpingen, die sich auf Abtreibung beziehen, haben noch einen theologischen Aspekt, der Beachtung verdient. Mich überrascht, wie fraglos klar davon gesprochen wird, dass die ungeborenen und ungetauften Kinder bei Gott im Himmel sind, die abgetriebenen Kinder ebenso wie die Fehlgeburten. Marion hat diese Botschaften in einem längeren Interview mit persönlichen Worten erläutert. Sie ist überzeugt davon, dass die abgetriebenen Kinder bei Gott für ihre Eltern beten. Für mich als Theologen sind diese Aussagen identisch und stützen sich gegenseitig:

Ein nicht gewolltes Kind, das für seine Eltern betet, muss im Himmel sein; denn nur im Himmel, das heisst im Mitleben von Gottes Leben »das Liebe ist, kann ein Mensch eine solche Liebe aufbringen. Und umgekehrt: wenn ein getötetes Kind im Himmel ist, betet es für seine Feinde. Denn der Himmel ist ja kein Saal, in dem man sich so und auch anders verhalten kann. Himmel bedeutet: Teilnahme am Leben Gottes, Teilhabe an Gottes Liebe und an seinem Liebenkönnen. Diese Botschaften bestätigen auch, was die Kirche über den Beginn des menschlichen Lebens lehrt. Es besitzt personale Würde von Anfang an. Die Seele wird von Gott im Augenblick der Empfängnis erschaffen. Sie entwickelt sich nicht erst mit der Bildung des Gehirns und kann auch unabhängig von ihrem irdischen Leib existieren.

Wenn wir das im Ernst glauben, kann sich auch die Seelsorge neu entfalten, die an dieser Stelle ganz unsicher ist. Konnten früher ungetaufte Kinder nicht »in gesegneter Erde« beerdigt werden, weil sie - angeblich - ohne die Gnade der Taufe nicht am Leben Gottes teilhaben konnten, so haben sich die Probleme inzwischen geändert und verschoben. Inzwischen sind wir davon überzeugt, dass Gott auch außer der Taufe Wege hat, Menschen zu sich zu nehmen. Die gegenwärtige Unsicherheit ist dadurch bedingt, dass viele Eltern und auch Seelsorger nicht wissen, was sie von einem Fötus halten sollen und ob ein Mensch, der erst im Anfangsstadium ist, ein wirkliches Leben nach dem Tod haben kann.

Vor einiger Zeit kam eine junge Frau zu mir, die ganz untröstlich über den Verlust ihres dreimonatigen ungeborenen Kindes war. Sie wollte bei ihrem Pfarrer eine Heilige Messe für ihren ungetauften Fötus erbitten, um dessen ewiges Heil sie in Sorge war. Sie bekam nach einigem Zögern die Antwort: Das geht nicht! Nicht anders war es ihr im Krankenhaus ergangen, als sie darum bat, man möge ihr das Frühgeborene geben, damit sie es beerdigen könne. Keine Chance! Frühgeburten werden von den Kliniken und Krankenhäusern »entsorgt«.

Wieviel Not und unnötige Sorgen gibt es bis heute auf seiten der Frauen, die mit dem Schicksal einer Frühgeburt leben müssen! Eine Seelsorge für diesen Personenkreis gibt es kaum, und die Theologie schweigt sich über die naheliegenden Fragen aus. Hier herrscht wirklich Handlungsbedarf. Die Botschaften von Marpingen könnten, wenn sie von der Kirche geprüft und als rechtgläubig beurteilt würden, für Theologie und Seelsorge eine Hilfe und für die betroffenen Frauen ein echter Trost sein.

e) Die Zukunft gehört Gott

Propheten rufen zur Umkehr. Ihre Botschaften machen auf Vergehen aufmerksam. Sie decken Schuld auf. Diese Schuld kann in bösen Taten bestehen, aber auch in folgenreichen Unterlassungen. Die Prophetien von Marpingen sprechen beides an: Abtreibung und Ungehorsam gegen den Papst, Missachtung der Liebe Gottes in den Sakramenten der Eucharistie und der Buße. Propheten haben aber auch die Aufgabe Menschen zu ermutigen. Sie trösten mit Gottes Zuspruch. Der Prophet Ezechiel ist dafür ein gutes Beispiel. Er musste zu seiner Zeit die schweren Vergehen seines Volkes brandmarken; dann aber, in der babylonischen Verbannung wurde er zum Boten der kommenden Rettung und Heimkehr.

Vergleichsweise gab es in Marpingen Aufdeckung von Schuld und den Ruf zur Umkehr, an einigen Stellen auch den Hinweis auf mögliche schlimme Folgen. So sagt Maria: »Ich weiß nicht, wie lange die Barmherzigkeit und die Liebe Gottes noch warten, bevor das Strafgericht auf euch herabrieselt. Gott kann dieses Tun nicht anders als bestrafen, wenn ihr nicht aufhört, diese Sünde vor Gott zu tun« (am fünften September).

Am letzten Erscheinungstag aber gab es sehr ermutigende Botschaften. Der Blick geht in die Zukunft. Durch Christine sagt die Gottesmutter: »Gott wird wieder ganz unter den Menschen sein. Habt also keine Angst, meine Kinder. Euer Ziel ist diese Zeit, von der ich sprach und die kommen wird. Dieses Versprechen gebe ich euch.« Marion ergänzte: »Er (der Mächtige) wird in der Welt siegen, und es wird eine Zeit anbrechen, die viel schöner ist als alles je vorher, voll Vertrauen auf Gott ...«. Schon bei der vorletzten Erscheinung hatte Marion die Botschaft Jesu empfangen: »Habt keine Angst. Es wird keinen dritten Weltkrieg geben.«

Mir scheint, dass auch solche Botschaften in besonderer Weise auf Deutschland hin gesprochen sind. Denn in unserer Gesellschaft herrscht ein ausgesprochener Zukunftspessimismus. Unsere »Spaßgesellschaft« wird von immer mehr Menschen als hohl und sinnleer empfunden. Obwohl es uns wirtschaftlich weit besser geht als den meisten Völkern der Erde, wirken die Bewohner unseres Landes eher freudlos und trübsinnig. Wir haben bei uns mehr Selbstmorde zu beklagen als in den ärmsten Ländern der Welt. Und die Geburtenrate ist bei uns die niedrigste. Wie oft war und ist bei uns die Bemerkung zu hören: »Wir können es nicht verantworten Kinder in die Welt zu setzen.« Es fehlt bei vielen das Vertrauen in eine gute Zukunft .

Das hängt zusammen mit der Verdunstung des Glaubens an Gott. Das 20. Jahrhundert hat gezeigt, dass der menschliche Fortschrittsglaube ein Mythos ist, der von der Wirklichkeit entzaubert wird. Die Grenzen des Wachstums sind erkannt worden. Der technische Fortschritt bedroht uns. Das ökologische Gleichgewicht gerät außer Kontrolle. Das Netzwerk der Verbrechensbekämpfung hinkt dem Netzwerk der Verbrechersyndikate hinterher. Der 11. September 2001 hat ganz neue Dimensionen des Terrors ans Licht gebracht. Es gibt viele Gründe für den Zukunftspessimismus. Es gibt darum aber auch ebenso viele Gründe für die Umkehr.

Vor allem aber: es gibt Gründe für Hoffnung, wenn und wo wieder daran geglaubt wird, dass Gott das Universum erschaffen hat und es im Dasein erhält. Wo die Spielregeln beachtet werden, die uns der Schöpfer gegeben hat, ist eine Wende nicht ausgeschlossen. Marion hörte die Worte: »Die Zehn Gebote sind das Amen des Universums.« Das Leben auf dieser Erde könnte wie ein Spiel vor Gott werden, wenn das Licht des Glaubens leuchtet und nach der Gebrauchsanweisung der ewigen Weisheit gelebt wird. Die Missachtung der Spielregeln macht nicht nur aus dem Fußballspiel Kampf und Krampf. Mit dem Leben auf dieser Erde ist es nicht anders.

Die Botschaften von Marpingen haben ein ausgesprochen deutsches prophetisches Profil. Prophetien sind keine Vorankündigungen unerbittlich eintretender Katastrophen. Prophetien geben eine neue Chance. Wo sie angenommen und umgesetzt werden, verändern sie alles zum Guten. Was wäre, wenn die katholischen Christen in Deutschland sich von den Botschaften, die in Marpingen ergangen sind, inspirieren ließen? Wenn sie zu einer Wende im Glauben und Leben der Christen und der Kirche führen würden? Die Antwort mag sich jeder selber geben.

3. Universelle Botschaften

a) Wir lieben euch

Die Prophetien von Marpingen haben ein deutsches Profil. Ich habe das an fünf Beispielen aufgewiesen. Das bedeutet aber nicht, dass diese Botschaften nicht auch weltweit wichtig wären. Ausdrücklich sagt die Erscheinung am fünften September durch Christine: »Diese Worte gelten nicht nur für meine Kinder in Deutschland. Sie gelten für die Kinder in der ganzen Welt.« Unmittelbar bezieht sich das auf die dringende Bitte Marias, endlich aufzuwachen und ernst zu machen mit der Verwirklichung der Botschaften im eigenen Leben. Am Tag darauf, am vorletzten Erscheinungstag, sagt Jesus am Ende einer langen Botschaft, die über Judith ergeht: »Es ist mein Aufruf an Deutschland, es ist mein Aufruf für die ganze Welt.«

Von den Prophetien, die allgemeinen Charakter haben und sich an alle Menschen richten, seien zwei besonders hervorgehoben. Die eine betrifft die Liebe Gottes. Davon ist an vielen Stellen die Rede, besonders eindrucksvoll am sechsten September. Jesus sagt: »Ihr müsst lernen, dass ich ein liebender Gott bin. Ich bin kein strafender Gott. Ich liebe euch Menschen unendlich. Ich habe so vieles für euch getan. Ich habe für euch gelitten. Ich habe gelitten und diesen Weg gewählt,um euch zu zeigen, wie sehr ich euch liebe. Lasst dieses mein Leid und meine Liebe nicht nutzlos sein. Lasst es nicht auf kalte Herzen stoßen. Lasst mich eure Herzen entflammen mit der Liebe, für die ich eure Herzen erschaffen habe. Ich trage euch alle in meinem Herzen, obwohl ihr es so sehr verwundet. Ich liebe euch so sehr, obwohl ihr mich nicht liebt. Ich komme zu euch, weil ihr nicht zu mir kommt...«.

Einem Theologen wie mir fällt auf, dass sich Jesus Christus hier ohne alle Umschweife als Gott bezeichnet. Das mutet nur den eigenartig an, der jahrzehntelang darauf hingewiesen worden ist, dass Jesus von Nazaret ganz und gar Mensch ist: »in allem uns gleich außer der Sünde«, wie die Schrift sagt. Wer bei dieser Wahrheit aber die Göttlichkeit Jesu Christi einfach wegdenkt, hat nur die halbe Wahrheit begriffen. Denn bei voller Anerkennung der unverkürzten Menschennatur des Jesus von Nazaret hat die Kirche immer daran festgehalten, dass er ebenso »Gott von Gott, Licht vom Licht, wahrer Gott vom wahren Gott« ist, wie wir im Credo bekennen.

Nicht weniger auffällig ist, wie die Botschaft darauf drängt zu lernen, dass Gott ein liebender Gott ist. Zwar hat die herkömmliche Glaubensverkündigung das niemals in Zweifel gezogen; aber sie hat diese Eigenschaft Gottes doch de facto dadurch beeinträchtigt, dass sie gleichzeitig den strafenden Gott vor Augen gestellt hat. Hier nun heißt es unzweideutig: »Ich bin kein strafender Gott«. Wer will, kann daraus einen Strick drehen und damit eine solche Botschaft als unecht abwürgen. Er kann viele Stellen anführen, in denen die Bibel des Alten wie des Neuen Testamentes davon spricht, dass Gott straft. Wie passt das zusammen?

Wer in diesen gegensätzlichen Aussagen einen kontradiktorischen Widerspruch sieht, kann kaum anders, als die entsprechende Botschaft von Marpingen als menschliches Wunschdenken abzutun und damit als falsche Prophetie hinzustellen. Ich halte das für voreilig. Wir haben inzwischen gelernt, die Kunst der Hermeneutik anzuwenden. Wir haben gelernt, Texte daraufhin zu befragen, was sie genau meinen. Dabei haben wir festgestellt, dass eine wörtliche Gleichheit von Texten noch nicht bedeutet, dass sie denselben Sinn enthalten. Man muss jeden Text in seinem jeweiligen Zusammenhang sehen, die Aussageabsicht seines Autors verstehen, die originale Sprache kennen und vieles mehr.

Nach meiner Einschätzung kommt der Aussage »Ich bin kein strafender Gott« eine überragende Bedeutung zu. Ist unser Gottesbild nicht weitgehend dadurch verdunkelt worden, dass uns von Kindsbeinen an der strafende Gott eingetrichtert wurde? Wenn es donnerte hieß es: »Der liebe Gott schimpft.« Und dem Kind leuchtete das ein, weil es unmittelbar vor dem Donnerschlag seine kleine Schwester unsanft an den Haaren gezogen hatte. Zwar wurde gesagt: Gott liebt auch den Sünder. Aber diese Wahrheit wurde sofort konterkariert durch den Hinweis: Aber Gott straft die Sünde! Für kleine Sünden, so wurde man belehrt, kommt man in das Fegefeuer, für schwere Sünden in die Hölle. Die Wahrheit von dem Gott der Liebe konnte vielen Christen nicht bis auf den Grund der Seele dringen. Denn dieser »liebe Gott« hatte ein zu großes Arsenal von Strafen, ja von Marterwerkzeugen griffbereit, mit denen er seine geliebten Menschen bedrohte. Wie anders denn, so frage ich, soll Gott einen solchen Missstand beheben, wenn nicht mit der schlichten Prophetie: Ich bin kein strafender Gott?

Gewiss muss man dann auch erklären, was denn der Sinn ist, wenn die Bibel darauf besteht, dass Gott doch straft. In dieser Frage ist die Theologie in den vergangenen Jahrzehnten ein Stück vorangekommen. Um es kurz und knapp zu sagen: Die Schöpfung ist so eingerichtet, dass schuldhaftes Fehlverhalten sich selber rächt. Der Täter bestraft sich sozusagen selber. Missbrauchte Freiheit bleibt nicht folgenlos. Wer seine Freunde verrät, verliert sie. Wer sich ständig betrinkt, ruiniert seine Leber. Wer hasst, wird auf die Dauer gehässig. Wer nicht teilen will, wird schließlich zum Geizkragen. Wer sich der Liebe verweigert, wird mit der Zeit liebesunfähig. Im großen Stil lernen wir dieses Grundgesetz der Schöpfung durch die immer größer werdenden Umweltkatastrophen kennen. Unsere Maßlosigkeit im Umgang mit der Natur führt zwangsläufig zu Klimaänderungen. Neulich musste ein kleines Volk, das auf Inseln im Pazifik lebt, evakuiert werden, weil der Meeresspiegel angestiegen ist und die Inseln im Ozean versinken. Dasselbe kann in einigen Jahrzehnten mit New York und London, mit Bremen und Hamburg passieren.

Wir haben den Auftrag, die Schöpfung zu bewahren, ein friedliches Miteinander der Menschen, der Rassen und Völker zu entwickeln, die Gesetze zu erkennen, nach denen die Schöpfung funktioniert. Gott hat uns in den Zehn Geboten die Spielregeln für unser Leben in die Hand gegeben. Wenn wir sie missachten, bestrafen wir uns selber. Als der erste und der zweite Weltkrieg entbrannten, hat nicht Gott die Lunte angezündet. Das haben wir selber getan. Als der Holocaust stattfand, waren verblendete Rassisten am Werk, kein strafender Gott. Als am elften September 2001 die Türme des World Trade Centers zusammenstürzten, hat nicht ein strafender Gott dreingeschlagen, dem ob der menschlichen Sünden endlich der Kragen platzte. Fanatiker haben die vollbesetzten

Flugzeuge in die Türme gesteuert. Religiöse Fanatiker, die sich als Diener des strafenden Gottes und als Kämpfer gegen den großen Satan USA verstanden. Sie taten es gegen den Willen und zum Leidwesen des wahren lebendigen Gottes!

»Ihr müsst lernen, dass ich ein liebender Gott bin. Ich bin kein strafender Gott.« Das ist eine gute Botschaft, die von Ängsten befreien kann. Sie steht aber - auf den ersten Blick - in Spannung zu einer anderen Botschaft, die ebenfalls aus Marpingen kommt. Und über diese Botschaft muss noch einiges gesagt werden. Es geht um die Hölle: »Ich habe in der Heiligen Schrift so oft von der Hölle gesprochen, und heute: man liest es, aber man glaubt es nicht mehr. Es gibt eine Hölle! Es gibt eine ewige Verdammnis ...« (Jesus durch Judith).

Was hier gesagt wird, ist nicht zu bestreiten. Beides stimmt! Die Bibel spricht an vielen Stellen von der Hölle. Und: viele Christen glauben nicht länger daran. Übrigens aus ehrenwerten Gründen. Sie denken so hoch von der Liebe und Barmherzigkeit Gottes, dass sie sich nicht vorstellen können, Gott werde auch nur einen einzigen Menschen in die Hölle schicken. Damit haben sie ja auch recht. Denn zwei weitere Stellen, an denen in Marpingen von der Hölle die Rede ist, sagen das ebenso: »Jeder Mensch, der in die Hölle kommt, will es selbst; denn Gott verdammt niemanden!« (17. Oktober 1999). Und ebenfalls am letzten Erscheinungstag: »Gott verdammt niemanden; das tut der Mensch selbst, indem er Gott nicht liebt.«

Um diese Botschaft richtig zu verstehen, müssen wir noch ein wenig über die Liebe und über den Himmel nachdenken. Ein Missverständnis wäre es, wenn wir annehmen würden, dass Gott dem Menschen, der ihn nicht liebt, sozusagen die Quittung gibt. Nein, Gott reagiert auf Ablehnung nicht wie

Menschen, die sich beleidigt fühlen. Hölle ist vielmehr die zwangsläufige Konsequenz für den, der nicht im Himmel sein kann. Ein Mensch, der entschlossen ist, nicht zu lieben, kann nicht im Himmel sein. Denn Himmel ist kein Raum, in den man nach Belieben herein oder heraus gehen kann. Himmel ist ein anderes Wort für Gott. Und wenn Gott die Liebe ist, kann niemand in Gott, im Himmel sein, ohne dass er liebt. Es ist also nicht so, wie manche annehmen, dass die Liebe Gottes nicht mit der Hölle vereinbar wäre. Es ist, umgekehrt! Weil Gott Liebe ist, bleibt derjenige draußen, der die Liebe Gottes nicht annimmt und weitergibt. Wer sich endgültig gegen Liebe verschließt, schließt sich damit selbst in die Hölle ein.

Man darf die Frage stellen, ob es solche Menschen gibt. Wenn es wirkliche menschliche Freiheit gibt, kann man diese Frage aber auch nicht verneinen. Aber des Fragens ist kein Ende. Vorausgesetzt, dass Menschen leben, die Gott wirklich hassen, bleibt zu fragen: Ist ihnen ein Gott verkündet worden, der liebenswert ist? Oder hat man ihnen ein Gottesbild vermittelt, vor dem man nur die Augen verschließen und weglaufen kann? Ob für solche Menschen der Tod der Punkt ist, an dem es keine Umkehr mehr gibt? Oder vielleicht das erstmalige Offenbarwerden des liebenden Gottes, für den man sich noch entscheiden kann? Das sollten wir Gott überlassen.

Es gibt in der Literatur Texte, die uns auf plausiblere Weise ein Verständnis für die Hölle nahe bringen als dogmatische Traktate. Zwei möchte ich hier zum Abschluss der Gedanken über die Liebe Gottes vorstellen.

Dostojewski hat in seinem Roman DIE BRÜDER KARAMASOFF folgende Erzählung: »Es war einmal eine Frau, die war über die Maßen böse, und sie starb. Und sie hinterließ kein Andenken an irgendeine

Tugend. Es fassten sie die Teufel und stießen sie in den Feuersee. Aber ihr Schutzengel steht dabei, ja, und er denkt: An was für eine Tugend von ihr soll ich mich entsinnen, um sie Gott zu sagen? Er dachte nach und spricht zu Gott: Sie hat, so spricht er, einst aus ihrem Gemüsebeet eine Zwiebel herausgerissen und sie einer Bettlerin geschenkt! Und es antwortete Gott: Nimm du, diese selbige Zwiebel, und strecke sie ihr in den See hin. Möge sie sie erfassen und sich an sie halten, und wenn du sie aus dem See herausziehen wirst, so möge sie dann auch ins Paradies eingehen, wird aber die Zwiebel abgerissen, so muss das Weib auch da bleiben, wo sie jetzt ist! Es lief der Engel zu dem Weibe und streckte ihr die Zwiebel hin. Da, spricht er, Weib, fass an und halte dich. Und er begann sie vorsichtig herauszuziehen, und er hatte sie schon fast völlig herausgezogen, ja. Als aber die übrigen Sünder sahen, dass man das Weib herausziehe, da begannen sie sich alle an ihr festzuhalten, damit man sie zu gleicher Zeit mit ihr herausziehe. Das Weib aber war über die Maßen böse und begann mit Füßen zu stoßen: Mich zieht man heraus, nicht aber euch, das ist meine Zwiebel, aber nicht die eurige! Kaum hatte sie das ausgesprochen, da zerriss auch schon die Zwiebel. Und es fiel das Weib in den See zurück und brennt in ihm bis auf den heutigen Tag.« In denen, die in der Hölle sind, ist keine Liebe. Die winzige Liebe, die in der Frau war, als sie die Zwiebel verschenkte, machte sie selber zunichte, als sie schrie: Das ist meine Zwiebel! Damit nahm sie das Geschenk, das sie hätte retten können, zurück. Und so blieb nicht einmal mehr ein Funke von Liebe in ihr, der sich bei Gott zu einem Feuer hätte entfachen lassen. Vielleicht wollen die Höllenbewohner die Liebe Gottes ergreifen. Aber sie wollen sie nicht mit anderen teilen. Sie wollen nicht weiterlieben und nicht wiederlieben. Das aber gehört unaufgebbar zum Himmel, zum Leben des dreieinigen Gottes, der in sich selber Liebe ist. So gesehen schließt die Frohe Botschaft des Evangeliums von der Liebe Gottes die Möglichkeit der Hölle nicht aus, sondern schließt sie ein.

Auf derselben Linie liegt, was Jean Paul Sartre über die Hölle denkt. In seinem Drama BEI GESCHLOSSENEN TÜREN (Originaltitel »Hais clos«) befinden sich drei Personen, ein Mann und zwei Frauen, in einem feudalen Hotelzimmer. Die einzige Unannehmlichkeit: die Tüten, die nach draußen führen, sind verschlossen. Aber immerhin, es läßt sich leben, zumal ein nicht unfreundlicher Kellner bei jedem Klingeln erscheint. Um es kurz zu machen: am Ende langer Dialoge zwischen dem Mann und den zwei Frauen wird klar, worin die Hölle besteht. Garcin, der Mann, schreit es verzweifelt heraus: »Also dies ist die Hölle! Niemals hätte ich geglaubt ... Ihr entsinnt euch: Schwefel, Scheiterhaufen, Bratrost ... Ach, ein Witz! Kein Rost erforderlich, die Hölle, das sind die anderen!«

In der Tat. Das kennen wir schon aus diesem Leben. Wenn Menschen miteinander wohnen, die krasse Egoisten sind; Menschen, die auf die Bedürfnisse der anderen keinerlei Rücksicht nehmen, weil sie ganz auf ihre eigenen Wünsche fixiert sind und diese ständig von den anderen anfordern, da wird das Leben zur Hölle. Wenn da niemand bereit ist umzukehren, wird die Hölle zum Dauerzustand.

b) Jeder ist wichtig

Die Botschaften von Marpingen kommen nicht in Form gelehrter Theologie daher. Gleichwohl enthalten sie tiefe Theologie, Rede von Gott. Bisweilen ist das sehr verdeckt. Zum Beispiel in der Botschaft, die am achten August ergangen ist. Maria sagt zu Christine:

»Meine Kinder, ich danke euch, dass ihr meinem Rufen gefolgt seid und hierher gekommen seid. Wiederum habe ich jeden einzelnen von euch gerufen, bewusst oder unbewusst. Ich komme wiederum als Mutter, weil ich euch doch so sehr liebe, und bitte euch heute um Vertrauen und völlige Hingabe. Ich reiche euch meine Hand, nehmt sie an, bitte, nehmt sie an. Ich bin euch gut und ich liebe euch. Ihr könnt mir ganz vertrauen. Ich sagte doch schon, dass ich jeden von euch genau kenne und dass ich alles mit euch trage: Eure Ängste, eure Sorgen, euer Leid, aber auch eure Freude. Ich trage alles, was ihr habt, mit euch. Ich lasse euch nie allein.«

Von Gott ist in dieser Botschaft überhaupt nicht die Rede. Oder doch? Ich meine, Ja! Das ist jedoch sehr versteckt. Was Maria von sich selber sagt, ist etwas, das eigentlich von Gott gesagt werden muss. Denn wer kennt alle Menschen genau? Wer trägt alles mit, was Menschen zu tragen haben, wenn nicht Gott in seiner grenzenlosen Liebe und Macht! Wem sollen deshalb auch Vertrauen und völlige Hingabe gelten, wenn nicht Gott! Wer läßt uns nie allein, wenn nicht Gott! Was hat das zu bedeuten, dass Maria dies alles von sich selber sagt? Macht sie sich damit nicht zu Gott? Und ist das nicht geradezu ein Beweis dafür, dass diese Botschaften unecht sind? Muss man sie nicht gar für dämonisch halten? Fragen, die sich aufdrängen, soll man nicht unter den Teppich kehren. Man muss ihnen vielmehr auf den Grund gehen. Tun wir das.

Um einen großen Komplex von Botschaften zu verstehen, muss man alles im Zusammenhang sehen und darf einzelne Teile nicht isolieren. Aus allem, was an Worten Marias in Marpingen an den Tag gekommen ist, entsteht das Bild einer Frau, die nicht sich selbst in die Mitte stellt, sondern Gott verkündet. Ihr Anliegen ist es, die Liebe Gottes und die Liebe ihres Sohnes zu überbringen. Sie spricht vom Schmerz und vom Mitleiden Jesu. Sie macht deutlich, wie jeder einzelne Mensch Gott am Herzen liegt, angefangen von der Empfängnis im Mutterleib. Sie macht offenbar, wie sehr sich Gott freut über jeden Sünder, der zu ihm zurückkehrt. Sie läßt am letzten Erscheinungstag wissen, dass der ganze Himmel, also Gott selber mit allen Engeln und Heiligen allen Menschen Anteil geben will an seiner Freude, seiner Liebe, seinem Leben. Wenn sie sich nun in der fraglichen Botschaft ganz und gar darin einbezieht, so heißt das in keiner Weise, dass sie sich Gottähnlichkeit anmaßt.

Man kann und sollte es anders verstehen: Gott gibt allen Vollendeten in der Herrlichkeit des Himmels Anteil an seinem eigenen Leben. Wenn, wie die Kirche überzeugt ist, Maria unter dem Kreuz zur neuen Eva, zur Mutter aller Menschen geworden ist, sollte sie dann ihre Kinder nicht kennen? Sollte sie dann nicht mit ihnen fühlen, mit ihnen tragen, mit ihnen innig verbunden sein? Wenn nach dem Evangelium bei den Engeln Gottes Freude ist über jeden Sünder, der umkehrt, sollte sich Maria, die Mutter Jesu, die Mutter der Kirche, die Mutter der Christen, die Mutter der Menschen nicht mitfreuen können mit jedem ihrer Kinder?

Selbstverständlich kann sie das nicht aus sich selber. So etwas sprengt alle uns bekannten menschlichen Möglichkeiten. Maria aber ist voll der Gnade. Ihre Fähigkeiten sind übernatürliche Fähigkeiten, die Gott schenkt. Gewiss ist es in den Dimensionen von Raum und Zeit unmöglich, dass ein einzelner Mensch gleichzeitig eine wechselseitige Beziehung zu Millionen Mitmenschen hat. Unter den diesseitigen Lebensbedingungen kann man sich, wenn es um ganz persönliche Beziehungen geht, immer nur einem einzelnen oder wenigen Personen zuwenden. Dass dies aber im Jenseits anders ist, war in der Kirche nie strittig. Der Glaube geht davon aus, dass die Muttergottes »alles mitbekommt«, auch wenn Millionen Beter ihr gleichzeitig alle ihre Anliegen vortragen. Was mir aber im Zusammenhang mit den Prophetien von Marpingen viel wichtiger ist: Mit dem, was Maria von sich selber sagt, macht sie unausgesprochen klar, wer Gott für uns ist und was wir für Gott sind. Und genau damit trifft sie eine Not, die es auch unter Christen gibt. Ich meine den Zweifel, ob Gott sich überhaupt um uns kümmern kann.

Jedes Kind lernt heute in der Schule, dass unser Planet eine Winzigkeit in den Tiefen des Kosmos ist. Jedes Kind lernt, dass unsere Milchstraße mit ihren Milliarden von Sonnen und Planetensystemen auch nur eine unbedeutende Größe im Weltall ist, wo es weitere Milliarden von Galaxien gibt, die noch größer sind als die unsere. Von Gott aber lernt ein Schulkind kaum noch etwas. Ist es da verwunderlich, dass Unbehaustheit und Verlorensein zum Grundgefühl der meisten Zeitgenossen gehören?

Wenn ihnen vor diesem Hintergrund zugesprochen wird: Gott kennt dich persönlich! Er kennt genau deine Ängste und Sorgen, deine Leiden und Freuden. Er weiss, wie dir zumute ist und mit welchen Problemen du dich herumschlägst. Du kannst dich ihm anvertrauen. Du bist ihm wichtig. Er schätzt dich und wünscht, dass dein Leben gelingt, dass du im Frieden bist, einverstanden mit deinem Leben, verbunden mit allen deinen Mitmenschen. Leuchtet da das Evangelium nicht wieder in seiner ursprünglichen Kraft auf?

Genau das aber sagt Maria mit der Botschaft, dass sie für jedes einzelne ihrer Kinder so da ist: liebevoll und stark, beschützend und zugewandt, echt interessiert. Sie liebt nicht »pauschal« die ganze Menschheit, sondern jede einzelne Person in ihr. Ihre Liebe ist nicht wie »Seid umschlungen, Millionen«, von denen wir doch immer nur ganz wenige kennen und lieben können. Sie liebt jeden einzelnen Menschen und interessiert sich für jedes ihrer Kinder. Und damit macht sie deutlich: Erst recht und über alles Begreifen hinaus gilt das von Gott! Ich verstehe ihre Worte als eine aufbauende Prophetie, Zuspruch aus Gottes Geist, Vermittlung von Gottes Wahrheit, nicht die Spur von Anmaßung, sondern Lobpreis dessen, der ihr alles geschenkt hat.

Schon am achten Erscheinungstag, dem 18. Juli, hat Marion mitgeteilt: »Sie (Maria) freut sich über jeden, der kommt. Vor allem auch, wenn junge Menschen kommen. Aber derjenige, der nicht kommen kann, den schließt sie genauso ein mit seinen Anliegen wie den, der kommt.« Es geht in diesem Abschnitt um den prophetischen Zuspruch, dass Gott sich um jeden einzelnen Menschen persönlich kümmert. Und mit ihm kümmert sich auch Maria um jeden persönlich. Nach Johannes 19,26 hat Jesus am Kreuz hängend seiner Mutter den Jünger Johannes anvertraut. In der kirchlichen Tradition ist diese Stelle immer so verstanden worden, dass Maria damit zur geistlichen Mutter aller Menschen berufen worden ist, zur »neuen Eva«. Zu dem Wort, das Judith am 17. Oktober 1999 sagte: »Aber derjenige, der nicht kommen kann, den schließt sie genauso ein mit seinen Anliegen wie den, der kommt«, zu diesem Wort habe ich ein Zeugnis erhalten, das ich weitergeben darf. Es stammt von einer Ärztin aus Münster, Dr. med. Angelika Pokropp-Hippen:

»Bei der letzten Erscheinung im Oktober 1999 wollte ich so gern dabei sein, mit der ganzen Familie hinfahren. Mein Mann aber war dagegen und wies auf das schlechte Wetter und die weite Fahrt mit den kleinen Kindern sowie die vielen Menschen dort hin. Seine Argumente waren richtig, und so fuhren wir nicht, wobei ich im Herzen sehr traurig war, ausgeschlossen zu sein. An jenem letzten Erscheinungssonntag im Oktober 1999 waren wir zuhause. Am Nachmittag, so gegen 17.00 Uhr, war ich in der Küche mit dem Ausräumen der Spülmaschine beschäftigt und schaute in den Garten zur Sonne, die schon tiefer stand. Unsere älteste Tochter Anna Kristina, damals 13 Jahre alt, stand in meiner Blickrichtung im Garten und fütterte Kaninchen in ihren Ställen. Wie ich in den Garten schaute, spürte ich, wie das Sonnenlicht mein Herz mit Freude und Licht und Frieden erfüllte. Es war so ein tiefes Gefühl, und das Licht der Sonne schien direkt in mein Herz zu leuchten. Zu diesem Zeitpunkt kam unsere Tochter Anna Kristine von draußen in die Küche und meinte: »Mama, hast du schon die Sonne bemerkt? Sie hat so ein ganz besonderes Licht.« Auch sie konnte das Licht im Herzen spüren. Ich meinte zu ihr: »Merk dir das gut, vielleicht erscheint gerade jetzt die Muttergottes in Marpingen und läßt uns auf ihre Weise daran teilnehmen.«

Von den 30 - 40 000 Menschen, die sich am 17. Oktober an der Härtelwaldkapelle versammelt hatten, berichten eine ganze Reihe, dass sie am Nachmittag eigenartige und auffällige Lichtphänomene wahrgenommen haben.

4. Verheißungen

a) Der Triumph des Herzens Mariens

In ihren Botschaften spricht Maria öfters vom Triumph ihres Herzens. Gleich am Beginn der Erscheinungsserie durch Marion, später auch durch Christine und Judith. »Ich liebe euch, meine Kinder, und ich halte meine Versprechen. Ich bin wieder hierher zurückgekommen, und ich werde noch öfter kommen; denn hier in Marpingen beginnt der Triumph meines Unbefleckten Herzens in Deutschland« (13. Juni 1999). Judith, die in einigen Botschaften die Stimme Jesu hört, vernimmt am letzten Tag der Erscheinungen: »Ich bin der König des Weltalls, ich bin der König der Barmherzigkeit, ich bin der König der Liebe und ich möchte, dass der Triumph des Unbefleckten Herzens meiner Mutter in der Welt Einzug hält, und ich möchte auch, dass gleichzeitig der Triumph in der Heiligen Eucharistie sich vollzieht.«

Für einen Katholiken, der den Glauben seiner Kirche ohne Abstriche teilt, sind solche Aussagen eigentlich kein Problem. Sie sagen im Grunde nichts Neues: Dass Gott siegt, gehört zu den elementaren Sätzen des christlichen Glaubens. Das Christus der endzeitliche Triumphator ist, bekennen wir jedes Jahr mit der Feier des Christkönigsfestes. Dass die Heiligen, besonders die Mutter Christi, daran teilhaben, ist keine neue Offenbarung. Die Frage ist nur, ob sich dieser Triumph innerhalb der Geschichte verwirklicht oder erst am Ende der Tage offenkundig wird. Das Neue Testament gibt uns darüber keine eindeutige Auskunft. Einerseits ist es mit dem Reich Gottes wie mit einem Sauerteig, den eine Frau unter einen großen Trog Mehl mischte, bis das Ganze durchsäuert war (Mt 13,23). Andererseits deuten die endzeitlichen Reden Jesu in den Evangelien an, dass am Ende der Zeit die Gläubigen eine verfolgte Minderheit sein werden und sich das Christentum keineswegs universal durchgesetzt haben wird.

Etwas anderes hat mir anfangs Schwierigkeiten bereitet. Und da es einigen anderen ähnlich gehen mag, bringe ich es hier zur Sprache. Triumphalismus steht der Kirche nicht gut zu Gesicht. Sie hat sich mit dem II. Vatikanum davon verabschiedet. Die Tiara der Päpste, von Paul VI. in einem symbolischen Akt abgelegt, gehört der Vergangenheit an. Sie sollte nicht weiter als Zeichen für einen auch weltlichen Machtanspruch der Kirche missverstanden werden. Päpste, Bischöfe und Priester wollen nicht Herren sein, sondern Diener der Freude, wie schon der Apostel Paulus betont hat (2 Kor 1,24). Ich habe mich gefragt: Passt Triumphalismus zu Maria, der demütigen Magd des Herrn, wie sie sich im Magnificat selber nennt (Lk 1,48)?

Beim Nachdenken darüber entstand in mir ein Bild, das mir gar nicht gefiel: wie Marienbilder aus Lourdes und Fatima, aus Medjugorje und Marpingen unter Jubelgesängen durch die Straßen deutscher Großstädte getragen werden, um den Protestanten zu zeigen: Maria siegt! Wir sind im wahren Christentum! Bekehrt euch! Natürlich habe ich gleich bemerkt: So kann Maria ihren Triumph nicht gemeint haben. Immerhin, sie hat vom Triumph schon in Fatima gesprochen: »Am Ende wird mein Unbeflecktes Herz triumphieren« (13. Juni 1917). Was hat sie damit gemeint? Darüber musste ich Klarheit bekommen. Zuvor aber beschäftigte mich noch eine eher nebensächliche Frage: Was soll das bedeuten, dass in Marpingen der Triumph ihres Herzens beginnt?

Mir fiel dazu ein, dass schon eine Menge begonnen hatte: In Altötting und Kevelaer und an zahlreichen anderen Marienwallfahrtsorten in Deutschland wird seit Jahrzehnten das Unbefleckte Herz der Gottesmutter verehrt. In vielen marianischen Gemeinschaften wird die Weihe an Maria vollzogen und gelebt. Deutsche Bischöfe haben in ihren Bistümern diese Weihe angeboten und selber abgelegt. Die marianische Schönstattbewegung hat einen Martyrer wie Karl Leisner hervorgebracht und die Marienverehrung in vielen Kirchengemeinden hochgehalten. Sollte das alles nichts bedeuten, nicht einmal einen Beginn? Und schon kam mir ein Verdacht in den Sinn: Sollte sich in den marianischen Botschaften von Marpingen vielleicht ein übersteigerter Lokalpatriotismus bemerkbar machen, der den Anspruch erhebt: Wir sind die Größten! Marpingen ist viel bedeutender als alle anderen Wallfahrtsorte? Ich habe diesen Verdacht beiseite geschoben und mir vorgenommen: suche erst einmal Klarheit darüber, was mit dem Triumph des Unbefleckten Herzens gemeint ist.

Dabei kam mir meine Kenntnis von Medjugorje zustatten. An der Echtheit der dortigen Erscheinungen und Botschaften habe ich keine Zweifel. Seit 1983 konnte ich mich dort oft und gründlich informieren. Mit dieser Rückendeckung habe ich schnell begriffen, dass es bei dem Triumph nicht um einen Sieg der Gläubigen über die Ungläubigen oder der Katholiken über die Protestanten geht. Es geht nicht um den Vorrang bestimmter Wallfahrtsorte oder marianischer Vereinigungen, seien es die Schönstätter oder die MPB (Marianische Priesterbewegung).

Marias Herz triumphiert, wenn wir uns bekehren. Alle. Auch Schönstatt und die MPB. Maria freut sich, wenn wir beginnen mit dem Herzen zu beten; wenn wir anfangen aus Liebe zu fasten und mit den Armen zu teilen; wenn wir im Alltag aus dem Glauben leben, uns versöhnen und Frieden stiften. Auf einen Nenner gebracht: der Triumph des Unbefleckten Herzens besteht darin, dass wir die Botschaften annehmen und leben, die sie uns seit über 20 Jahren ans Herz legt.

In seinem Videofilm über die Ereignisse von Marpingen ist auch der Ausschnitt eines Interviews zu sehen, das Hans Schotte mit Marion geführt hat. Er fragt die Seherin: Was bedeutet für dich der Triumph des Unbefleckten Herzens Mariens? Sie antwortet sinngemäß: Nichts Äußerliches! Kein Triumph mit Pauken und Trompeten. Vielmehr etwas, das im

Herzen des Menschen vor sich geht. Das Ja zu Gott. Dass immer mehr Menschen wach werden und Ja zu Gott sagen!

Das ist sehr nahe bei dem, was die Stimme Jesu sagt, wenn sie den Triumph des Unbefleckten Herzens Mariens in einem Atemzug nennt mit seinem Triumph in der Heiligen Eucharistie. Auch das ist nichts Äußeres, sondern etwas, das sich nur tief im Herzen der Gläubigen abspielen kann. Wenn sie begreifen, dass sie in diesem Sakrament der menschgewordenen Liebe Gottes begegnen, die für sie bis in den Tod gegangen ist! Und dass sie versuchen dankbar aus dieser Liebe zu leben und sie an alle weiterzugeben.

b) An dieser Quelle geschehen Wunder der Heilung

Ein solcher Triumph des Herzens Mariens läßt sich nicht einfach vorzeigen. Er vollzieht sich in der Stille, und diejenigen, die ihn in sich erfahren, hängen das nicht an die große Glocke. Immerhin kann man sagen: ob ein solcher Triumph ein leeres Wunschbild ist oder ob er Wirklichkeit wird, das bleibt nicht verborgen. Je mehr Menschen wach werden und Gott wieder entdecken, zu beten beginnen und ihr Leben ändern, um so mehr wird auch das christliche Leben in unseren kirchlichen Gemeinden erstarken. Es wird dann zu einer Trendwende kommen, die sich bemerkbar macht. Auch in einer steigenden Anzahl von Gottesdienstbesuchern und in einer wachsenden Bereitschaft, in der Kirche und in der Gesellschaft Verantwortung zu übernehmen. Überlassen wir das der Zukunft. Echte Propheten erkennt man daran, dass ihre Ansagen in Erfüllung gehen.

Ob es sich bei der Verheißung des Triumphes in Deutschland um echte oder falsche Prophetie handelt, läßt sich im Augenblick noch nicht erkennen. Aber es macht nachdenklich, dass der von Maria in Fatima angekündigte Triumph ihres Unbefleckten Herzens seit dem Untergang des Kommunismus und dem unerwarteten Fall der Mauer deutliche Konturen angenommen hat. Damals ging es um die Irrtümer, die Russland über die ganze Welt ausbreiten wollte. Aber »am Ende wird mein Unbeflecktes Herz triumphieren.« Ein Zeichen dafür, dass in dieser Richung sich etwas tut, mag man auch daran erkennen, dass der Heilige Vater zusammen mit den Bischöfen der Weltkirche die von Maria erbetene Weltweihe vollzogen hat.

Leichter ist zu erkennen, ob sich eine andere Verheißung erfüllt, die mehrmals in den Botschaften von Marpingen vorkommt. Am 26. Mai sagte die Gottesmutter durch Christine: »Ich werde noch öfter kommen. Und ich wünsche, dass man Kranke hierher bringt. Ich habe die Quelle geschenkt, um Heilung zu schenken, körperlich aber auch seelisch ...«. Diese Ankündigung wurde bei weiteren Erscheinungen wiederholt, so am 18. Juli durch Judith: »Ich komme heute hier oben an die Quelle, um euch daran zu erinnern, dass diese Quelle schon vor mehr als 100 Jahren von Gott geschenkt wurde, um die Kranken zu heilen. Trinkt dieses Wasser und betet. Habt Vertrauen auf mich und meinen Sohn, denn wir werden euch helfen. Ich habe gesagt, ich will Kranke heilen, seelisch und körperlich, und das werde ich auch tun; denn was ich verspreche, halte ich.«

In dieser Botschaft wird die Verbindung zu den Marienerscheinungen von Marpingen in den Jahren 1876/7 hergestellt. Zu diesen Erscheinungen hat es nie eine offizielle kirchliche Erklärung gegeben. Trotz des großen Aufsehens, das die damaligen Erscheinungen hervorriefen, kam damals eine Untersuchung nicht zustande. Der Kulturkampf in Deutschland lähmte das kirchliche Leben. Der Bischof von Trier war verstorben und ein Nachfolger auf Jahre nicht in Sicht. Allerdings hat es immer Gläubige gegeben, die Marpingen als Erscheinungsort angesehen haben und dorthin gewallfahrtet sind. Ein privater Verein hat am Härtelwald eine Kapelle errichtet und die Erinnerung wach gehalten. Aus der Zeit der damaligen Erscheinungen liegen eine Reihe von Berichten vor, in denen Heilungen bezeugt werden.

Die Tatsache, dass die Erscheinungen von 1999 eine Verbindung zu den Erscheinungen von 1876/7 herstellen, wird uns noch im Kapitel über die Aufgaben der kirchlichen Untersuchung beschäftigen. Hier sei nur festgehalten, dass bei den neuen Erscheinungen mehrmals Heilungen versprochen worden sind. Dabei sind einige Einzelheiten bemerkenswert. Am 1. Juni sagt Maria durch Christine: Bringt die Kranken zu mir ohne Aufsehen.« Die Heilungen sollen nicht im Vordergrund stehen und die wichtigeren Botschaften nicht verdecken. Heilungen stehen in einem größeren Zusammenhang. Es geht vor allem um den Glauben und die Kraft, »meinen Weg zu gehen, der oftmals ein Kreuzweg ist, ein Dornenweg«, wie Maria schon am 26. Mai sagte. Das Wasser soll nicht als magisches Mittel missverstanden werden: »Ihr müsst dieses Wasser trinken mit viel Ehrfurcht, mit viel Liebe und vor allen Dingen mit viel Vertrauen, verbunden mit eurem Gebet.« Am 18. Juli sagt die Gottesmutter durch Christine: »Wie ich versprochen habe, wird dieses Gnadenwasser körperliche oder seelische Heilung bewirken bei den Personen, bei denen es Gott, euer Vater, wünscht.«

Damit ist die Heilungszusage in zweifacher Hinsicht bedingt. Zum einen bleibt offen, ob der Leib oder die Seele geheilt wird. Zum andern wird eine Heilung ganz vom Wunsch und Willen Gottes abhängig gemacht. Ich halte diesen Hinweis deshalb für wichtig, weil viele Gruppen im freikirchlichen Bereich die Ansicht vertreten: Gott wolle in jedem Fall heilen; es liege deshalb nur am mangelnden Glauben eines Kranken, wenn das Gebet um Heilung wirkungslos bleibe. In Marpingen wird dagegen klargestellt, dass es Gott im letzten um weit mehr als um die Gesundheit eines Menschen geht. So sagt Maria am 18. Juli durch Judith: »Ich wünsche so sehr, dass die Kranken lernen, das Leid für Gott zu tragen und dieses Leid anzunehmen aus Liebe zu Gott. So wird es verdienstlich für die Welt, und es hilft uns bei der Rettung der Seelen. Die Seele ist das Wichtigste.«

Die Parallele zu den Krankenheilungen Jesu, von denen uns die Evangelien berichten, ist offensichtlich. Jesus hat am Beginn seines öffentlichen Auftretens sehr viele Kranke geheilt. Aus seiner Sicht waren es Zeichen, an denen die Menschen erkennen sollten, dass das Reich Gottes nahegekommen sei. Als sich die menschlichen Erwartungen jedoch auf das Gesundwerden verengten und ihr Glaube an das Kommen des Reiches Gottes ausblieb, heilte Jesus nur noch selten. Jesus hat den Städten, in denen er die meisten Wunder gewirkt hatte, schwere Vorwürfe gemacht, weil sie sich trotz der Wunder nicht bekehrt hatten (Mt 11,20). Wunder sind kein Selbstzweck. Sie sind Zeichen der anbrechenden Gottesherrschaft und wollen zum Glauben und zur Umkehr bewegen.

Die Verheißungen, daß Heilungen geschenkt werden, stehen in Marpingen von vornherein in diesem größeren Zusammenhang. Durch Judith sagt Maria am 18. Juli: »Ich will euch auch hier oben an der Quelle daran erinnern, dass es in der Heiligen Kirche eine Quelle, eine unversiegbare Quelle gibt, die heute nicht mehr genutzt wird oder nur noch sehr selten. Die Quelle des lebendigen Wassers, das aus dem Herzen Jesu geflossen ist ... Ich bitte euch heute, öffnet eure

Herzen für diesen Strom der Gnade, der bereitsteht und den die Welt heute nicht mehr annehmen möchte.«

Halten wir fest: in den Botschaften von Marpingen wird an mehreren Stellen gesagt, dass Heilungen geschehen werden. Inzwischen liegen zwei Bändchen mit Zeugnissen vor. Dort berichten Menschen über Heilungen, Gebetserhörungen, Bekehrungen und andere außergewöhnliche Erfahrungen, die im Zusammenhang mit den Erscheinungen und Botschaften von Marpingen stehen. Derartige Zeugnisse werden gesammelt und der Kirche von Trier zugeleitet.

5. Stolpersteine

a) Ein Paradies auf Erden?

Echte Propheten leben in einer starken Spannung, die bis zur Zerreißprobe gehen kann. Sie haben von Gott den Auftrag Schuld aufzudecken. Damit sollen sie den Weg zur Umkehr frei machen. Eine Botschaft, die Sünden beim Namen nennt und auf Änderung drängt, ist in unserer Gesellschaft nicht populär. Und auch nicht in unserer Kirche. Im Trend liegen eher Zusprüche wie: Gott liebt euch bedingungslos. Er vergibt jede Sünde. Sei nett zu dir selber. Gönne dir Gutes. - Ein Prophet, der Gott nach dem Munde redet und nicht Menschen, muss mit Ablehnung rechnen. Er bekommt Gegenwind. In den Klageliedern des Alten Testaments lesen wir: »Deine Propheten schauten dir Lug und Trug. Deine Schuld haben sie nicht aufgedeckt, um dein Schicksal zu wenden. Sie schauten als Prophetenworte nur Trug und Verführung« (Kls 2,14). Die Rede ist von falschen Propheten.

Die drei Frauen, die in Marpingen prophetisch redeten, sind dieser Gefahr nicht erlegen. Sie haben die

Schwachstellen des kirchlichen und christlichen Lebens in unserem Land nicht verschwiegen. Sie haben sie klar beim Namen genannt. Dabei wurde zugleich deutlich, dass ihre Worte nicht aus dem Gemüt eines zornentbrannten Gottes kamen, sondern aus dem Herzen eines liebenden Gottes. Der prophetische Anspruch von Marpingen verbindet sich mit einem ebenso starken Zuspruch. Das macht ihn um so glaubwürdiger.

Ein Theologe, der es unternimmt Propheten und Prophetien zu prüfen, darf sich nicht vereinnahmen lassen. Er muss auf Distanz bleiben und nüchtern beurteilen, ob ein prophetischer Anspruch auf Umkehr tatsächlich auf einen Missstand trifft; aber auch, ob ein prophetischer Zuspruch realistisch oder illusionär ist. Beides muss er mit dem Blick auf die biblische Botschaft wie auch auf die Glaubenslehre der Kirche untersuchen.

Ich spreche aus persönlicher Betroffenheit, wenn ich sage, dass ich über einige Botschaften gestolpert bin, die nach meinem ersten Eindruck diesen Maßstäben nicht zu entsprechen schienen. In einer Botschaft vom achten September heißt es: »Ihr dürft euch dann alle auf die neue alte Welt freuen. Dann nämlich wird es keine Gottlosen mehr geben. Alles wird im Einklang mit den Zehn Geboten sein, und das Böse wird es auch eine Zeitlang nicht mehr geben. Habt keine Angst!«

Derartige Vorstellungen von einer Goldenen Zukunft auf dieser Erde durchziehen die Kirchengeschichte von früh an. Man bezeichnet sie als Chiliasmus, als die Ankündigung eines Tausendjährigen Reiches. Solche Lehren treten in verschiedenen Spielarten auf. Auf eine mildere Form des Chiliasmus bezieht sich eine Erklärung der Römischen Glaubenskongregation (damals noch »Heiliges Offizium« genannt) vom 21. Juni 1944. Darin wird gesagt, dass der Chiliasmus nicht ohne Gefährdung der kirchlichen Glaubenslehre vertreten werden könne. Das Lexikon für Theologie und Kirche (LThK) führt dazu aus: »Die Berechtigung dieses Urteils ergibt sich aus der Gegnerschaft gegen den Chiliasmus, besonders der der großen Kirchenväter und des Thomas von Aquin« (Bd 2, Spalte 1061).

In der Tat kann man sich nicht vorstellen, dass es in dieser Weltzeit und auf dieser Erde eine Epoche geben kann, in der es keine Gottlosen gibt und in der sich alle Menschen ausnahmslos an die Zehn Gebote halten. Denn dann müsste entweder die Willensfreiheit aufgehoben sein oder die Gnade Gottes mit solcher Macht herrschen, dass keine einzige Sünde mehr geschieht. Das aber hat es in der ganzen Weltgeschichte bisher nur ein einziges Mal gegeben, nämlich im Leben der Gottesmutter Maria, die ohne Erbsünde empfangen ist und von jeder persönlichen Sünde frei blieb. Nach der durchgängigen Überzeugung fast aller Theologen wird ein solcher Zustand erst in der Ewigkeit erreicht, in der unverhüllten Anschauung Gottes, wo der Mensch frei ist und dennoch nicht mehr sündigt.

Wie bin ich mit diesem Stolperstein fertig geworden? Ich habe mir die entsprechenden Botschaften vom 17. Oktober genau angesehen, die denselben Punkt aufgreifen und zu erläutern scheinen. Maria sagt zu Christine: »In dieser späteren Zeit werden alle Herzen geöffnet sein. Jeder wird mich hören können. Gott wird wieder ganz unter den Menschen sein. Habt also keine Angst, meine Kinder. Euer Ziel ist diese Zeit, von der ich sprach und die kommen wird. Dieses Versprechen gebe ich euch.« Eine Zeit, die unser Ziel ist? Das hört sich doch eher nach einer Zeit an, die nicht mehr so ist, wie wir sie kennen. Ist hier nicht doch die Rede von jener endgültigen Welt, die wir erhoffen?

Also von der Neuen Schöpfung nach dem Ende der Zeit? Bemerkenswert ist auch, dass sich Marion an dieser Stelle einschaltete und als Worte Marias sagte: »ich gebe aber keine Daten; denn die stehen nur dem Allmächtigen zu zu wissen. Vertraut! Er wird in der Welt siegen, und es wird eine Zeit anbrechen, die viel schöner sein wird als alles je zuvor, voll Vertrauen auf Gott. Ich gebe aber keine Daten, wann es kommt; denn auch ich kann nicht sagen, wann es kommt. Das weiß nur Gott in seiner Allmacht, und er entscheidet.« Anschließend spricht Christine noch einmal und sagt u.a. dieses: »Kommt meinem Wunsch nach, verinnerlicht alles, was ich euch hier sagen durfte, und lebt danach und vertut eure Zeit nicht mit Rechnerei oder Spekulation.«

Was ist gemeint? Eine Zeit innerhalb der Weltgeschichte oder eine »Zeit« nach dem Ende der Geschichte? Die Botschaften sind für mich nicht eindeutig. Dass ich sie trotzdem stehen und gelten lassen kann, hat seinen Grund in der Bibel. Dort lese ich: »Dann sah ich einen Engel vom Himmel herabsteigen: auf seiner Hand trug er den Schlüssel zum Abgrund und eine schwere Kette. Er überwältigte den Drachen, die alte Schlange – das ist der Teufel oder der Satan – und er fesselte ihn für tausend Jahre. Er warf ihn in den Abgrund, verschloss diesen und drückte ein Siegel darauf, damit der Drache die Völker nicht mehr verführen konnte, bis die tausend Jahre vollendet sind. Danach muss er für kurze Zeit freigelassen werden« (Offb 20, 1-3),

Solange die Kirche diesen Text als vom Heiligen Geist inspiriert anerkennt, kann man vergleichbare Sätze aus einer »Privatoffenbarung« nicht verwerfen. Wie sie genau zu verstehen sind, darüber brauchen wir uns ebenso wenig den Kopf zu zerbrechen wie über andere biblische Texte, die man so und anders auslegen kann. Ich nehme sie einfach als eine Ermutigung an. Sie stärken mich in meinem Glauben, dass die Zukunft Gott gehört und nicht dem Teufel; dass die Gnade stärker ist als die Sünde; dass bei Gott Dinge möglich sind, von denen unser Verstand nicht träumen kann.

b) Zwei unvereinbare Botschaften?

Am vorletzten Erscheinungstag, am sechsten September, hatte Christine eine Ankündigung der Muttergottes gehört, die sie mit eigenen Worten wiedergab: »Sie hat gesagt, dass sie wiederkommt, und zwar am 17. Oktober. Das ist das letzte Mal, dass sie hierher kommen darf in dieser Zeit. Man solle sich vorbereiten und den ganzen Tag beten.« Offenbar hatte sich das im Verlauf der sechs Wochen weit herumgesprochen; denn viele Pilger waren schon am Vortag angereist und hatten sich bereits in der Frühe des 17. Oktober an der Härtelwaldkapelle versammelt. Auch die drei Frauen hatten sich zeitig aufgemacht. Ihre Wahrnehmungen begannen schon auf dem Weg, und die Visionen und Auditionen fanden an verschiedenen Orten statt. Die Schilderung des Tages und die Wiedergabe der Botschaften füllen in dem Buch mit den Originalaufzeichnungen nicht weniger als 24 Seiten.

Ich greife aus dem Gesamttext dieses Tages zwei Botschaften heraus, über die ich bei der Durchsicht gestolpert bin und die mich zunächst in schwere Zweifel gestürzt haben. Die eine lautet: »Ich darf euch vom Vater sagen: es ist wahr, was Marion vorhin gehört hat. Durch das Gebet heute an diesem Tag geht niemand verloren, der heute stirbt.« So gab Christine die Stimme Marias wieder. Die andere Botschaft erging durch Judith als Wort Jesu: »Meine Mutter hat es euch in Fatima schon gesagt, dass viele Seelen in die Hölle kommen, weil niemand für sie betet.« - Warum habe ich diese beiden Botschaften zunächst als unglaubwürdig angesehen? Die erste schien mir zu schön, um wahr zu sein; die zweite schien mir zu schrecklich, um wahr zu sein!

Schauen wir uns die »allzu schöne« Botschaft an. Kein einziger Mensch, der am 17. Oktober stirbt, geht verloren. Ich habe darüber nachgedacht, wer und wie viele Menschen das sind. An jedem Tag sterben auf unserer Erde an die 350 000 Menschen. Davon sind, grob geschätzt, ein Drittel Christen. Unter allen, die täglich sterben, sind fraglos viele Ungläubige. Viele Christen wie Nichtchristen scheiden aus diesem Leben in einem höchst bedenklichen Zustand: unversöhnt, in Feindschaft mit anderen Menschen, im Zerwürfnis mit Gott und mit sich selber. Unter den 350 000 Toten des 17. Oktober sind Mörder und Selbstmörder. Wenn nach kirchlicher Lehre niemand in das ewige Leben eingehen kann, der in »tödlichen Sünden« stirbt - in der alten Kirche galten schwerer Diebstahl, Ehebruch, Glaubensabfall und Mord als Kapitalsünden -, wie viele mögen es dann sein, die nach menschlichem Ermessen verloren gehen? Ich glaube ja gern, dass Gott alle ohne Ausnahme retten kann. Aber dies schien mir doch zu schön, um wahr zu sein!

Und die andere Botschaft? Schrecklich! Wenn viele Seelen in die Hölle kommen, weil niemand für sie betet, wie steht es dann mit der erlösenden Kraft des Kreuzesopfers Christi, fragte ich mich. Thomas von Aquin schätzt sie so hoch ein, dass er in dem berühmten Hymnus ADORO TE DEVOTE gedichtet hat: ein einziger Tropfen des Blutes Christi genüge, um die ganze Welt von aller Schuld und jedem Verbrechen zu befreien. Kann man dem noch trauen, wenn diese erlösende Kraft durch die Nachlässigkeit von Christen zunichte gemacht wird, die es unterlassen für andere zu beten? Und weiter: wie kann ein Christ im Himmel selig sein, wenn er erkennen muss: weil ich nicht genug gebetet habe, müssen andere auf ewig in der Hölle brennen?

Das hat mich schon sehr hin und her gerissen. Zeitweise dachte ich: Hier wird die kirchliche Erlösungslehre auf den Kopf gestellt. Nicht der allmächtige, barmherzige und liebevolle Gott erlöst die Sünder, sondern wir schwache, ohnmächtige und fehlerhafte Menschen sollen es tun. Wir, die selber erlösungsbedürftig sind, sollen andere Menschen erlösen, weil Gott allein es nicht kann oder nicht will.

Beide Botschaften haben mir arg zugesetzt, die allzu schöne und die allzu schreckliche. Und ich muss gestehen, dass ich auf meine Fragen bis heute keine schlüssigen Antworten habe. Dennoch habe ich einen Weg gefunden, sie anzunehmen, ohne meinen Verstand zu verraten.

Für mich sprechen diese beiden Botschaften in zugespitzter Form die zwei Seiten eines undurchdringlichen Geheimnisses an. Das Geheimnis, um das es hier geht, ist das Zusammenwirken von göttlicher Gnade und menschlicher Freiheit. Betrachte ich ausschließlich die göttliche Gnade, gerät dieses Geheimnis in eine Schieflage. Dann scheint es als sicher, dass Gott niemanden verloren gehen läßt. So scheint es mir mit der allzu schönen Botschaft zu sein. Betrachte ich hingegen nur die menschliche Freiheit und ihre Mitwirkung am Heil und Unheil, dann gerät das Geheimnis ebenfalls in eine schiefe Lage. Dann sehe ich nur das, was Menschen anrichten können. So scheint es mir mit der allzu schrecklichen Botschaft zu sein.

Wenn ich aber beide Botschaften im Hinblick auf das unauflösliche Geheimnis des Zusammenwirkens von Gnade und Freiheit relativiere, d.h. zueinander in

Beziehung setze, kann ich sie annehmen. Dann will die allzu schöne Botschaft mich trösten und ermutigen, indem sie mir die heilschaffende Allmacht und Liebe Gottes vor Augen stellt. Die allzu schreckliche Botschaft hingegen will mich ermahnen, alles mir Mögliche zu tun, damit Menschen das ewige Heil finden. Sobald ich aber die eine oder die andere Botschaft für sich allein nehme, gerate ich in unüberwindliche Schwierigkeiten. Beide gehören zusammen. Wenn ich sie miteinander verbinde, relativieren und ergänzen sie sich.

Ist dieser Umgang mit den Botschaften ein Trick? Trickse ich mich damit selber aus? Nein. Denn es ist nichts anderes als die Art, in der wir auch sonst mit biblischen Wahrheiten umgehen. Dafür ein Beispiel: In seinem kleinen Diskurs über die Hölle hat Hans Urs von Balthasar darauf aufmerksam gemacht, dass es in der Bibel zwei Reihen von Aussagen gibt, die sich nicht gegeneinander verrechnen lassen. In der einen Reihe stehen Aussagen über eine Hölle und eine ewige Verwerfung. In der anderen Reihe stehen Aussagen darüber, dass Gott durch Jesus Christus alle Menschen rettet, wie zum Beispiel: »Gott hat alle Menschen in den Ungehorsam eingeschlossen, um sich aller zu erbarmen« (Röm 11,32). Jede Reihe, für sich allein betrachtet, führt in die Irre. Beide miteinander genommen und geglaubt, bewahren uns vor Vermessenheit und vor Verzweiflung und erhalten uns in der Tugend der Hoffnung.

III. Die Seherinnen von Marpingen

Ich rufe noch einmal in Erinnrung, was ich anfangs über die Herkunft der Botschaften vermutet hatte, als ich mich noch im Zustand unschuldiger Unwissenheit befand. Nach einer ersten Einsicht in die Botschaften hatte ich mir folgendes vorgestellt: Da hocken drei hochsensible fromme Frauen jahrelang in einer Marianischen Gruppe zusammen. Sie beten und meditieren stundenlang einmal pro Woche. Unter anderem beschäftigen sie sich mit den Erscheinungen, die in den Jahren 1876/7 in Marpingen stattgefunden haben sollen und die von einem Traditionsverein immer wieder beschworen werden. Damals soll die Erscheinung gesagt haben: »Ich komme wieder in bedrängter Zeit.« In der marianischen Gruppe bezweifelt niemand, dass die Muttergottes ihr Versprechen einlösen wird. Die einzige Frage ist: wann wird sie wieder erscheinen? Alle Erwartungen der Frauen bündeln sich in dem Gebetswunsch: Muttergottes, komm doch bald wieder! Unsere Zeit ist voller Bedrängnis! Komm, Muttergottes, komm! Dieser Wunsch beflügelt die Phantasie und dringt in die Träume ein, bei Tag und bei Nacht. Und dann ist es soweit! Die Frauen sehen eine Lichtgestalt. Sie unterscheiden nicht mehr zwischen Wunsch und Wirklichkeit. Ihre Sehnsucht kleidet sich in Worte, die sie tatsächlich in ihrem Innern vernehmen. Natürlich können sie jetzt nicht mehr an sich halten. Die ganze Welt muss es wissen: Maria ist wiedergekommen. Sie gibt uns Botschaften. Der Himmel neigt sich zur Erde. Die Rettung ist zum Greifen nah. Halleluja!

Wie gesagt: so dachte meine Phantasie. Es war mein Versuch, mir die Herkunft der Botschaften zu erklären, deren Sprache und Inhalt mir missfielen. Dann begegnete ich der Wirklichkeit. Zunächst in dem Filmemacher Hans Schotte, der die Ereignisse von Marpingen optisch und akustisch dokumentiert hat. Dann begegnete ich den drei Frauen von Angesicht zu Angesicht. über die ich hier ein paar Tatsachen mitteile.

1. Christine Ney-Nidercorn

Die jüngste der drei Frauen, geboren 1974, stammt aus Ensdorf bei Saarlouis. Sie ist seit 1997 verheiratet. Von ihrem Vater, einem Hobby-Musiker, erbte sie die Liebe zur Musik. Schon sehr früh musizierte er mit seiner Tochter. Gefördert wurde sie bereits im Kindergarten, später in der Schule und auf dem Gymnasium, vor allem von der Musikschule Saarlouis. Bei »Jugend musiziert« gewann sie erste Preise. Im Hobby-Bereich trat Christine bei zahlreichen öffentlichen Veranstaltungen auf: bei Familienabenden vom Berg- und Hüttenarbeiterverein, von der Feuerwehr und dem Deutschen Roten Kreuz, beim Sommerfest der SPD, bei Hochzeiten und Geburtstagen. Dabei sang und spielte sie als Alleinunterhalterin oder zusammen mit ihrem Vater, der Schlagzeug spielte: Tanzmusik und Unterhaltungsmusik. Dazu erhielt sie eine Gesangsausbildung, die schon berufsorientiert war. Christine wollte Konzertsängerin werden und daneben noch als Musikschullehrerin arbeiten. Anfangs sang sie noch in vielen Chören und Ensembles, später nur noch als Solosängerin, begleitet von einem Orchester oder von einem Pianisten oder Organisten. Dass Christine Ney-Nidercorn sich nach dem Beginn der Marienerscheinungen aus all dem zurückzog, zeigt deutlich, wie tief sie durch ihre inneren Erfahrungen verändert worden ist.

Über ihre religiöse Entwicklung sagt sie dieses: »Zur Beichte ging ich vor der Erstkommunion und vor der Firmung.« Später sah sie den Beichtstuhl nur noch zwei Mal von innen. Einmal schleppte eine Bekannte sie mit, die meinte, das würde ihr guttun. Das andere Mal ging sie, weil der junge Kaplan im Kirchenchor gesagt hatte, es wäre schön, wenn jemand auch mal zur Beichte käme; er säße da immer so allein.

Mit dem sonntäglichen Kirchgang war es nicht besser bestellt. Selbst zu Weihnachten hielt sie es nicht für nötig zur Kirche zu gehen. An den Sonntagen war sie froh, lange schlafen zu können. Ihre gottesdienstliche Beteiligung beschränkte sich auf das Singen im Kirchenchor. Gelegentlich hatte sie in der Kirche auch einen Solo-Auftritt. Der Glaube sagte ihr wenig. »Mit dem Hl. Vater war ich auch nicht einverstanden, damals«, bekennt sie heute.

Eine Wende trat in ihrem religiösen Leben erst ein, als ihr die Gottesmutter zum ersten Mal erschien. Darüber spricht sie ausführlich in dem Videofilm SCHAUT HER IN MEIN HERZ. Auf meine Bitte, mir etwas über ihre Entwicklung nach der ersten Erscheinung mitzuteilen, schrieb sie: »Bei der ersten Erscheinung hat unsere liebe Muttergottes mir irgendetwas ins Herz gegeben. Ich kann das nicht beschreiben, auf jeden Fall war alles auf einmal anders, eine andere Sichtweise. Ich wusste auf einmal, dass ich nicht mehr die Sängerin für mich und die Menschen sein konnte, sondern nur noch für den Himmel ... Nun fing sie (Maria) an, Jesus in den Mittelpunkt zu stellen. Das ging ganz langsam. Sie sagte, ich könne doch mal zu ihrem Sohn gehen. Sie fing an mir zu erklären, dass es ihre Aufgabe sei, alle ihre Kinder zu Jesus zu führen.«

Christine erhielt nach der ersten Erscheinung also Einsprachen, die sie Schritt für Schritt wieder zum regelmäßigen Gottesdienstbesuch und zum Sakramentenempfang anleiteten. Sie sah Judith Hiber zum ersten Mal, als sie am ersten Mai 1998 die Fatima-Gebetswache in Piesbach besuchte. Etwas später, am dritten Juli 1998 lernte sie Judith näher kennen, als sie in Marpingen eine Krankenandacht musikalisch mitgestaltete. Bei Pfarrer Gressung in Reisbach war Christine erstmals Anfang 1998. Ab September desselben Jahres begann sie regelmäßig bei ihm zu beichten.

Aus diesen Daten ist unschwer zu sehen, dass meine anfänglichen Mutmaßungen, wie die Erscheinungen und Botschaften zustande gekommen sein könnten, wie ein Kartenhaus zusammenstürzten. In meiner heutigen Überzeugung, dass die Visionen der Christine Ney-Nidercorn echt sind, hat mich auch die Ekstase bestärkt, in die sie am sechsten September an der Grotte im Härtelwald geriet. In dem Videofilm kommentiert sie ihre Erfahrung so: sie habe zunächst Maria gesehen, und dann sei auf einmal etwas anderes gekommen, eine Macht, eine Liebe, eine »Allmacht«, und dann habe sie Jesus gesehen, einen Augenblick lang. Er habe unbeschreiblich schön ausgesehen, und dann wollte sie einfach nur weg, hin zu ihm. Alles sei ihr plötzlich egal gewesen. Nur hin zu ihm! - Als Christine aus der Ekstase zurückkam und das Normalbewusstsein sie wieder erfüllte, sah sie in ihrer Nähe ihre Mutter und ihren Mann. Da begreift sie plötzlich, dass ihre Mutter totunglücklich geworden wäre und ihr Mann sich »etwas angetan« hätte, falls sie wirklich »weggegangen« wäre. Mit einem ganz tiefen Schuldgefühl wandte sich Christine an Judith, die neben ihr kniete, und sagte: »Ich schäme mich so!« Und ganz hilflos fuhr sie fort: »Ich kann es nicht verhindern, es ist einfach da.« Dann, so berichtete sie später, wollte sie einen Priester ansprechen, von denen eine Reihe in ihrer Nähe standen. Aber die wichen alle vor ihr zurück. Schließlich »schnappte« (O-Ton Christine) sie sich einen, dem sie sich erklären konnte. Der klatschte sie leicht auf die Wange, als ob er sagen wollte: Hallo, komm wieder zu dir! und sagte dann: »Aber das ist doch ganz natürlich, wenn man Jesus sieht und einfach mitgehen will?« Wer den Film gesehen und den Kommentar von Christine gehört hat, wird mir zustimmen: So etwas läßt sich nicht schauspielern. Dahinter steht eine echte Erfahrung.

2. Marion Guttmann

Wie Christine Ney-Nidercorn, die im französischen Moneren nahe der saarländischen Grenze wohnt, ist auch Marion Guttmann nicht aus Marpingen. Sie ist in Neunkirchen zuhause. Nach dem Abitur besuchte sie die Berlitz-Schule und ließ sich zur Hotelkauffrau ausbilden. In einem Hotel in Bernkastel-Kues arbeitete sie als Empfangssekretärin und dann als Debitorsachbearbeiterin. Zu der Zeit war sie nicht mehr so gläubig wie in ihrer Kinderzeit, als sie »mit Leib und Seele Messdienerin« war. Vieles mit dem Glauben konnte sie nicht mehr verstehen. Die Verbindung mit andersdenkenden Menschen brachte ihren Glauben ins Wanken, vor allem ihren Glauben an die Kirche. Sie hielt noch daran fest, dass es irgendein höheres Wesen gebe, das sie aber nicht begreifen konnte. In ihrer freien Zeit ging sie u.a. gern in den Weinbergen spazieren. Dabei verweilte sie schon mal an Bildstöcken am Weg oder betrat eine kleine Kapelle.

Im April 1997 hatte sie ihr erstes besonderes inneres Erlebnis. Als sie in der Fierskapelle stand, hörte sie deutlich eine Stimme, die zu ihr sprach: »Bist du bereit alles anzunehmen, was dich zu Gott führt?« Ein Jahr lang meldete sich diese innere Stimme, die Marion als die Stimme der Gottesmutter wahrnahm. So wurde sie darauf vorbereitet, die Stelle in Bernkastel-Kues aufzugeben und nach Neunkirchen zurückzukehren. Durch diese innere Stimme wurde sie auch zu Pfarrer

Gressung geführt, den sie bis dahin nicht kannte. Damals wollte sie von der Beichte noch nicht viel wissen. Eine gute Bekannte, Petra Dinscher, lud sie eines Tages ein, mit ihr zu einem Gebetsabend der Fatima-Gebetswache nach Piesbach zu fahren. Dort sah sie den alten Pfarrer Gressung und hatte sogleich die innere Gewissheit: das ist der Priester, den Maria gemeint hat, als sie sagte: »Ich werde dich zu einem Priester führen, der für deine Probleme Verständnis hat.

Bald darauf besuchte sie den Pfarrer und ging von da an auch öfters zur Beichte in das alte Pfarrhaus in Reisbach. Dort sah sie dann gelegentlich auch Judith Hiber, die nach Dienstschluss für Pfarrer Gressung noch Arbeiten erledigte. Näher kennen gelernt haben sich die beiden erst »Ende 1998 oder Anfang 1999. Ich weiß es nicht mehr so genau«, wie sie mir in einem Brief mitteilte. Christine kannte sie nur von einer Schallplatte her. Persönlich begegnet ist sie ihr erst bei einer Andacht am dritten Juli 1998. Sie hatte während der Andacht von einem Teilnehmer gehört, dass Christine dort singen würde, und da wollte sie sie kennen lernen.

Eine tief gehende Erfahrung war für Marion die erste Vision der Gottesmutter in ihrer Wohnung. Sie berichtet darüber in dem schon öfter genannten Videofilm. Was mich von der Echtheit dieser Erscheinung überzeugt hat ist dies: Marion hatte als Kind im Alter von fünf Jahren eine unvergessliche Nah-Tod-Erfahrung gemacht. Ein geplatzter Blinddarm hatte zu einer Bauchfellentzündung geführt, die sie an den Rand des Todes brachte. Sie sah ihren Leib bei klarem Verstand auf dem Bett liegen und nahm alle Einzelheiten ihrer Umgebung wahr. Vor allem aber erinnert sie sich daran, dass sie sich wie eingehüllt fühlte in einen unendlich tiefen Frieden, den sie so später nie wieder erlebt hat. Als sie nun die Gottesmutter leibhaftig vor sich sah, empfand sie wieder diesen unendlich tiefen Frieden, den sie als Kind auf der Grenze zwischen Leben und Tod - ich sage als Theologe: auf der Grenze von Erde und Himmel, von Zeit und Ewigkeit erlebt hatte. Da wusste sie intuitiv: diese Frau ist nicht von hier. Sie ist vom Himmel.

Marion Guttmann ist seit 1994 verheiratet, mit einem Mann, der sich selbst als Agnostiker bezeichnet. Bei einem Besuch in Münster, auf den ich im letzten Kapitel noch einmal zurückkomme, sagte er zu mir in Gegenwart seiner Frau: »Ich habe keinen Zugang zu diesen Dingen. Ich bin Agnostiker. Ich bin mir aber sicher, dass meine Frau nicht lügt.«

Ich selber habe meine Überzeugung, dass die Visionen und Botschaften von Marion echt sind, noch an einem weiteren Punkt fest gemacht. Marion gibt zu, dass sie zunächst geschockt war, als sie die Botschaft vernahm: »Hört auf mit dem Töten«. Ihre Überzeugung war, dass Frauen so etwas nur in großer Not und Bedrängnis tun. Sie versucht solche Frauen in Schutz zu nehmen: »Eine Frau treibt nicht einfach so ab!«. Was sie denn machen sollten? Viele von ihnen wüssten gar nicht, dass es Gott gebe. Deshalb hätten sie keinen inneren Halt, um sich unbedingt für das Leben des Kindes zu entscheiden. Dann sagt sie allerdings auch: »Es ist ein Gebot Gottes: Du sollst nicht töten«, und fügt hinzu, gewissermaßen um die Botschaft Mariens zu verteidigen: »Die Muttergottes sagt nicht nur: Hört uff mit dem Döde! (O-Ton-Marion). Sie wisse auch einen besseren Weg und lasse die Frauen nicht im Regen stehen.

Daran wird deutlich, dass Marion das sagt, was sie bei ihren Auditionen hört. Die Stimme der Botschaften kommt nicht aus ihrem eigenen Innern. Denn dann würde sie nicht etwas sagen, was sie schockt. Marion ist für mich eine Prophetin. Sie spricht aus, was ihr eingegeben wird. Sie projiziert nicht sich selber. Ich stimme aus eigener Wahrnehmung dem Urteil ihrer Freundin Petra zu, die sagt: Ich kenne ihre Charaktereigenschaften und weiß, dass sie niemals lügen würde.

3. Judith Hiber

Alles, was ich über die religiöse Entwicklung von Christine Ney-Nidercorn und Marion Guttmann erfahren habe, widerlegt die Vermutung, dass die Erscheinungen sich aus einem Kreis frommer Frauen ergeben hätten, die mit ihren Hoffnungen und Wünschen eines Tages ins Schwärmen und Phantasieren gekommen wären. Diese beiden jungen Frauen waren alles andere als glaubensfest, kirchentreu, jenseitsorientiert oder marianisch geprägt. Beide haben erst kurze Zeit vor den öffentlichen Erscheinungen vom 17. Mai - 17. Oktober 1999 eine religiöse Wende erlebt. Sie haben sich bekehrt aufgrund von Impulsen, die sie durch unerwartete Visionen und Auditionen empfingen. Beide waren zu keiner Zeit und in keiner Weise dafür disponiert. Beide waren voneinander unabhängig und kannten sich nicht.

Die Biografie von Judith Hiber liest sich ganz anders. 1963 geboren ist sie die älteste der drei Frauen und unverheiratet. Sie besuchte die Hauptschule in Eppelborn, danach die Handelsschule in Lebach. Mit dem Abschluss der Mittleren Reife machte sie eine Ausbildung, um Rechtsanwaltsgehilfin zu werden. Nach längerer Arbeitslosigkeit fand sie eine Anstellung als Justizangestellte beim Landgericht Saarbrücken, wo sie noch heute ihren Dienst versieht.

Der Priester und Psychotherapeut Pater Dr. Jörg Müller, der die Frauen an den fünf letzten Erscheinungstagen begleitet hat, charakterisiert sie so: »Judith macht einen sehr beherrschten, besonnenen Eindruck. Sie zeigt ein stabiles Selbstbewusstsein, kontrolliert, eher verschlossen. Sie ist belastbar und verrät eine hohe Frustrationstoleranz, das heisst sie kann viel wegstecken. Ihre Urteilsfähigkeit ist differenziert. Auch sie ist (wie Christine und Marion) nicht der Typ, der gern im Mittelpunkt stehen möchte; sie ist zurückhaltend. Sie besitzt eine ausgeprägte Wiedergabefähigkeit.«[7]

Ihre religiöse Entwicklung verlief zunächst so, wie man das damals noch in einer kirchlich konservativen katholischen Familie erwarten konnte. Sonntäglicher Kirchgang, Hinführung zur Erstbeichte, zur Erstkommunion und zum Sakrament der Firmung. Mitte der Siebziger Jahre aber änderte sich etwas. Der Großvater mütterlicherseits konnte sich mit den liturgischen Veränderungen im Gefolge des Konzils nicht anfreunden. Er lernte die Bruderschaft Pius X. kennen, die in Saarbrücken einmal monatlich in den Räumen der VHS eine Messe nach dem tridentinischen Ritus feierte. Dorthin fuhr Judith mit ihrer Mutter, ihren beiden Brüdern und weiteren Verwandten mit einem Bus. An den anderen Sonntagen nahmen sie weiter am Gottesdienst in ihrer Pfarrkirche teil.

Judith sagt über diese Zeit: »Es war mir damals ein Gräuel, an diesem Sonntag mit nach Saarbrücken zu fahren. Der ganze Sonntagnachmittag ging da drauf, und das Latein langweilte mich sehr, da ich damit nichts anfangen konnte.« Als 1979 die Gruppe um den Erzbischof Lefebvre das Priorat in Saarbrücken bezogen hatte und dort die tridentinische Messe feierte, fuhr Judith mit der Familie jeden Sonntag dorthin. Sie ging aber nur Weihnachten und Ostern zur Beichte und zur Hl. Kommunion. Zuhause ging es weiter traditionell zu: »Wir beteten in der Advents- und Fastenzeit abends gemeinsam den Rosenkranz, wobei das Bemühen von uns Kindern darin bestand zu versuchen, das Ave Maria mit einem Atemzug zu beten. Das war unsere und damit auch meine Andacht.«

Zu einer Wende kam es für Judith 1983. Sie nennt das auch ihre Bekehrung und meint damit den Punkt, an dem sie Gott als ein persönlichen Gegenüber entdeckte. Die Folge war: »Ich betete, weil ich beten wollte, und nicht, weil jemand das sagte. Ich ging dann auch regelmäßig acht- bis 14tägig zur Hl. Beichte und so oft als möglich zur Hl. Messe und Kommunion.« Auch in dieser Lebensphase - sie war inzwischen 19 Jahre alt - behielt sie ihren starken Eigensinn. Als Angehörige sie drängten an den Gruppenstunden der KJB (Katholische Jugendbewegung) der Piusbruderschaft teilzunehmen, wollte sie nicht. Dann aber fuhr sie doch mit; aber nur um hinterher zu sagen: mir gefällt das nicht!

Es kam jedoch anders. Judith war fasziniert von der Art, wie der junge Pater K. von Gott sprach. Mit der Mädchengruppe machte sie dann Exerzitien, die dieser Pater leitete. Noch heute sagt sie: »Diese Zeit bleibt mir in schöner Erinnerung, und ich empfinde sie als positiv. In dieser Zeit hat meine Seele viel gelernt, und ich bin durch Sein Wirken (Gottes) tief in Ihn hineingezogen worden.« Radikal, wie junge Menschen sind, hat sie nach den Kurzexerzitien alles aus ihrem Zimmer verbannt, was nichts mit Gott zu tun hatte.

Bald darauf änderte sich die Lage bei der Piusbruderschaft für sie. Der junge Pater wurde versetzt. Sein Nachfolger war ganz anders. Judith fühlte sich nicht mehr verstanden. Dennoch beichtete sie weiter bei dem neuen Pater. Sie betrachtete ihn aber nicht mehr als ihren Seelenführer. Ihr blieb nur das vertraute Zwiegespräch mit Gott. Zum Bruch mit der Piusbruderschaft kam es, als Erzbischof Lefebvre gegen den ausdrücklichen Willen des Papstes Bischöfe zu seinen Nachfolgern weihen wollte. Als das geschah, so sagte sie in einem Gespräch, »spürte ich in meinem Innern, wie der Strom der Gnade für diese Gemeinschaft versiegte.« Sie hatte das Gefühl, als ob ihre Seele in der Bruderschaft verhungerte. Das steigerte sich bis zu dem Eindruck erdrückt zu werden.

In ihrer Not rief sie ihren früheren Beichtvater Pater K. an, ob er ihr einen Seelsorger für sie nennen könnte. Pater K. nannte ihr den Namen von Pfarrer Gressung, wusste aber nicht dessen Adresse. Als später in einem Bekanntenkreis das Gespräch auf »Alte Herren« (konservative Priester) kam, fiel der Name Gressung. Spontan betete Judith zu ihrem Schutzengel: »Ich brauche die Adresse!" Kurz darauf sagte ein junger Mann: »Er wohnt in Niedaltdorf«. Am folgenden Sonntag, dem 29. Juli 1989 fuhr sie dorthin. Bald darauf beichtete sie auch bei ihm. Aber: »Ein Jahr brauchte meine verwundete Seele, bis sie sich ihm das erste Mal öffnete.« Seitdem ist er nicht nur ihr Beichtvater, sondern auch ihr geistlicher Begleiter.

Noch längere Zeit hatte Judith Angst, etwas Falsches zu tun. Denn man hatte ihr in der Piusbruderschaft eingetrichtert, dass die Menschen in der »Amtskirche« den Glauben verloren hätten. Einer ging gar so weit zu behaupten, dass die Teilnahme an der »Neuen Messe« eine Todsünde sei.

Schon bald nach ihrer Bekehrung 1983 verstärkte sich bei Judith der Eindruck, dass sie zum Leben in einer Ordensgemeinschaft berufen sei. Tatsächlich hat sie 1992 einen Versuch unternommen Ordensschwester zu werden. Die kündigte ihre Stelle beim Landgericht Saarbrücken. Ihr Chef schätzte sie als Mitarbeiterin und riet ihr zurückzukommen, falls etwas schiefgehen sollte. Judith trat in ein Kloster der Petrusbruderschaft ein, die sich nach der Trennung Lefebvres von Rom gebildet hatte. Ihre Mitglieder wollten Papsttreu bleiben.

Dieses Zwischenspiel währte nicht lange. Nach knapp drei Monaten kehrte sie in das zivile Leben zurück. Schon Mitte Juni 1992 konnte sie wieder beim Landgericht Saarbrücken eine neue Ganztagsstelle antreten. Den Wunsch Ordensschwester zu werden hat sie indes nicht begraben. Judith Hiber fühlt in sich den Auftrag, eine Ordensgemeinschaft zu gründen, was für sie, wie sie mir sagte, ein Kreuz bedeutet.

Bis zum Beginn der Erscheinungsserie in Marpingen verlief ihr Leben in gewohnten und geregelten Bahnen: Berufstätigkeit in Saarbrücken, Mithilfe bei Pfarrer Gressung; zunächst in Niedaltdorf, dann in Reisbach, dem jetzigen Wohnort des Geistlichen. Pfarrer Gressung ist trotz seines hohen Alters noch sehr tätig, so dass er ihre Hilfe gut gebrauchen kann. Judith schloss sich der MPB (Marianische Priesterbewegung) an, deren Leiter für Deutschland Pfarrer Gressung bis 1999 war. Durch seine Anregung entstand auch die Fatima-Gebetswache in Piesbach. Dabei handelt es sich um eine wöchentliche Nachtanbetung mit dem Anliegen Frieden und Versöhnung. Dort lernten sich auch die drei Frauen kennen, die auf so unterschiedlichen Wegen zueinander geführt wurden und die dann erkannten, dass sie einen gemeinsamen Auftrag hatten.

Anders als Christine und Marion hatte Judith bis kurz vor den öffentlichen Erscheinungen keine außergewöhnlichen Erfahrungen wie Visionen und Auditionen. Erst am 14. März 1999 hörte sie in ihrem

Innern ganz klar und deutlich eine sanfte Stimme., die zu ihr sprach: »Mein Kind:« Sie hatte zu der Zeit schon von Christine gehört, dass die Muttergottes sich ihr gezeigt und zu ihr gesprochen hatte. Deshalb erschrak sie und dachte: »O Gott, jetzt auch du noch!« Sie sagt, dass sie in der ersten Zeit versucht hätte, Gespräche mit der Muttergottes abzublocken. In den nun folgenden Wochen erhielt sie weitere Einsprachen, die sich auf ihr inneres Leben bezogen. Ihrem Naturell entsprechend bleibt sie da bei allgemeinen Andeutungen und spricht von »Anweisungen, Ratschläge, Hilfen oder einfach mal Mut gemacht.«

Gut zwei Monate nach der ersten Audition begannen die Erscheinungen an der Härtelwaldkapelle in Marpingen. Die Videodokumentation zeigt, dass Judith dabei nie in Ekstase geriet. Sie beobachtete vor allem, was mit den.beiden anderen vor sich ging, und nahm deren Worte mit einem Handdiktiergerät auf. Gelegentlich spürte sie einen inneren Anruf. Manchmal sagten auch Christine oder Marion, dass sie (Maria) oder er (Jesus) etwas sagen wollten, »aber nicht durch mich«. Dann fühlte Judith, dass sie es tun sollte. Diesen Vorgang beschreibt sie sehr genau.

Es war nicht so, dass sie dann Worte hörte, die sie nachsprechen sollte. Vielmehr verlief das simultan. Judith öffnete den Mund und begann zu sprechen, und es kamen Worte und Sätze, die sie sich nicht ausdachte. Sie kamen einfach aus ihr heraus. Visionen im eigentlichen Sinn hat sie während der Erscheinungsserie nicht gehabt. Sie sah gelegentlich innere Bilder, die sie aber nicht mit dem vergleichen will, was die beiden anderen in ihren ekstatischen Zuständen gesehen haben. Heute sieht sie diese Bilder als einen Einstieg in das an, »was noch kommen sollte.« Damit deutet sie an, dass ihre inneren Erfahrungen, Auditionen und dann auch Visionen nach dem 17. Oktober weitergegangen sind und sich vertieft haben. Da das aber nicht zum Bereich der Prophetie gehört, also zu dem, was für die Öffentlichkeit gemeint ist, spricht Judith darüber nicht.

Nach Ausweis des Neuen Testamentes sind Charismen, also besondere Gaben des Heiligen Geistes wie die Prophetie, kein Gradmesser für die persönliche Heiligkeit. Paulus betont, dass der Geist die Charismen gibt »wie er will« (1 Kor 12,11). Die drei Frauen sind sich dessen intuitiv bewusst. So sagt Christine, dass manche Gläubige von ihr annähmen, dass sie einen »besonderen Draht« zur Muttergottes hätte. Sie bestreitet das und sagt, dass andere eine ebenso gute Verbindung zu Maria besäßen. Marion geht noch einen Schritt weiter, wenn sie sagt: »Ich musste erst sehen, um wieder glauben zu können. Aber viel größer ist der, der nicht sieht und doch glaubt.« Und Judith wendet sich heftig gegen das Angehimmeltwerden von vielen Menschen, die pro Marpingen sind und sie schon wie eine halbe Heilige verehren: »Wenn die wüssten ...«.

Allen drei Frauen liegt nichts ferner als sich der Öffentlichkeit als Seherinnen zu präsentieren. Sie wünschen im Gegenteil unbeachtet zu bleiben und möchten in ihrem Privatleben nicht durch Besuche, Briefe und Anrufe gestört werden.

IV. Aufgaben der kirchlichen Untersuchung

1. Prüfung der Seherinnen

Die Kirche ist aufgebaut auf dem Fundament der Apostel und Propheten. Vereinfacht könnte man sagen: Sie wird regiert von den Aposteln, inspiriert wird sie von den Propheten. Den Aposteln ist die Weitergabe und die Bewahrung der Glaubensüberlieferung anvertraut; den Propheten kommt es zu, entsprechend den wechselnden Gegebenheiten der Geschichte das kirchliche Leben zu erneuern, wenn es erstarrt ist oder den Erfordernissen der Zeit nicht mehr entspricht. Da die Propheten aber in der Kirche keine andere Macht haben als die Überzeugungskraft ihrer Botschaft, können sie den Kurs der Kirche nicht bestimmen. Dafür sind die Apostel zuständig. Diese sind gehalten auf die Propheten zu hören. Da es aber zu allen Zeiten wahre und falsche Propheten und Prophetien gebt, müssen sie prüfen.

Jeder Bischof einer Ortskirche ist Nachfolger der Apostel und verantwortlicher Hirt und Leiter seines Bistums. Wenn in seinem Bereich Propheten auftreten und mit Botschaften an die Öffentlichkeit gehen, ist es seine Aufgabe zu untersuchen, worum es sich handelt. So war 1999 Bischof Hermann Josef Spital, der Bischof von Trier, herausgefordert auf die Geschehnisse in Marpingen zu reagieren. Er hat es getan, indem er ein Wort an die Katholiken seines Bistums richtete.

Darin heißt es u.a.: » ... Andererseits lebt die Botschaft des Evangeliums von den Augen- und Ohrenzeugen, und im Lauf der Kirchengeschichte hat es immer wieder »Zeichen und Wunder« gegeben: auffallende Charismen und übernatürliche Hilfen, Heilungen und Visionen. Bevor sie als solche angesehen werden konnten, hat die Kirche sie sorgfältig geprüft ... Grundsätzlich aber entspricht ein überstarkes Verlangen nach außergewöhnlichen Bezeugungen der zu glaubenden Wahrheit nicht der gesunden kirchlichen Frömmigkeit ... Für die katholische Frömmigkeit ist die herzliche und kindliche Verehrung der Gottesmutter älteste kirchliche Tradition ... Im Lauf der Jahrhunderte gab es sogenannte »Privatoffenbarungen«, von denen einige durch die kirchliche Autorität anerkannt wurden. Sie gehören jedoch nicht zum Glaubensgut. Sie sind nicht dazu da, die endgültige Offenbarung Jesu Christi zu vervollkommnen oder zu vervollständigen, sondern sollen helfen, in einem bestimmten Zeitalter tiefer aus ihr zu leben. Unter der Leitung des Lehramtes weiß der Glaubenssinn der Gläubigen zu unterscheiden und wahrzunehmen, was in solchen Offenbarungen ein echter Ruf Christi oder seiner Heiligen an die Kirche ist ... Sie läßt sich von dem Grundsatz leiten, übernatürliche Einwirkungen nicht vorauszusetzen, solange natürliche Ursachen eine ausreichende Erklärung bieten. Dabei ist unter anderem zu bedenken, dass die menschliche Einbildungskraft zu vielem fähig ist, oft nahezu unabhängig vom bewussten persönlichen Willen ... Natürlich hat weiterhin jeder Laie und jeder Kleriker völlige Freiheit, sich verantwortungsvoll und gewissenhaft selbst eine persönliche Meinung zu den Vorgängen in Marpingen zu bilden. Beten wir darum, dass die kirchliche Prüfung schon bald die Wahrheit über die Vorgänge im Marpinger Härtelwald ans Licht bringt.«[8] Bischof Hermann Josef hat ein weiteres getan. Er hat eine Untersuchungskommission eingesetzt und deren Leitung dem Weihbischof Dr. Felix Genn übertragen.

Da ich Bischof Hermann Josef Spital persönlich gut kenne - wir gingen in Münster zum Gymnasium Paulinum und gehören seit 1950 beide zur Paulusgemeinschaft, die sich nach dem letzten Krieg an der

Universität Münster gebildet hat -, habe ich mich nach dem 17. Oktober 1999 mit ihm in Verbindung gesetzt. Zu dem Zeitpunkt war ich schon über zehn Jahre in dem Zentrum »Maria, Königin des Friedens - Medjugorje« tätig, das sich mit den Geschehnissen in Medjugorje befasst. Ich hatte die Sorge, es könnte in Trier ähnlich laufen wie bei den Marienerscheinungen auf dem Balkan. Das zuständige Ordinariat in Mostar hat so unzulänglich reagiert, dass sich Rom gezwungen sah, die Bischöfliche Kommission des Bistums Mostar aufzulösen und auf eine breitere Basis zu stellen, d.h. eine neue Kommission in Zuständigkeit der jugoslawischen Bischofskonferenz zu bilden.

Da ich mir noch kein Urteil über die Ereignisse machen konnte, fügte ich meinem Schreiben lediglich zwei Dokumente hinzu, die mir im Zusammenhang mit Medjugorje sehr geholfen hatten. Das eine war ein Auszug aus dem Buch VISIONEN UND PROPHEZEIUNGEN von Karl Rahner.

Das andere war eine handschriftliche Postkarte, die Hans Urs von Balthasar 1984 an Heinrich Spaemann geschrieben hatte. Darin heißt es: »Für mich wiegen die deutschen Diskussionen wenig angesichts von Medjugorje. Mehr als 1000 mal ist die Mutter des Herrn dort erschienen - alle Nachrichten (z. B. Laurentin) bestätigen die Echtheit -, um den Menschen zu zeigen, wie man den drohenden Krieg bannen kann, denn einzig darum geht es in diesem neuen Lourdes. Das Heilmittel ist nicht Predigen und Sit-ins, sondern Beten und Fasten, und die einfachen Leute, die zu Tausenden hingehn, tun es ...«.

Bischof Spital antwortete sofort. Er bat mich in Sachen Marpingen mit Weihbischof Genn Verbindung aufzunehmen. Die beiden Dokumente hatte er ihm schon übergeben. 1999 war der Trierer Bischof durch den Skandal mit der CTT (Caritas-Trägergesellschaft Trier) sehr belastet und hatte kurz vor seinem bevorstehenden Ausscheiden aus dem Amt noch ein ausgedehntes pastorales Programm vor sich. Daher sah er sich selber nicht in der Lage, sich intensiv mit den Erscheinungen in Marpingen zu befassen. Weihbischof Genn kannte ich bereits. Er hatte als Spiritual am Priesterseminar Trier uns Priestern der Paulusgemeinschaft aus dem Bistum Münster schon drei Mal Exerzitien gegeben. So kam schnell ein guter Kontakt zustande. Mein dringender Wunsch, die Angelegenheit Marpingen nicht am grünen Tisch zu erledigen, sondern die drei Seherinnen einzuladen und gründlich zu prüfen, war bei ihm schon beschlossene Sache.

Diese Prüfung hat lange gedauert. Sie umfasste persönliche Einzelgespräche, die Erkundung des familiären und sozialen Hintergrundes und die religiöse Entwicklung der drei Frauen. Hinzu kamen ärztliche Untersuchungen, psychologische Tests. Mitbeteiligt waren auch Fachleute aus der Psychiatrie. Inzwischen sind die Untersuchungen der Seherinnen beendet. Ein offizielles Ergebnis ist nicht bekannt gemacht worden. Den Frauen sind weder Betrug noch Manipulation nachgewiesen worden. Ihnen wurden auch keine Krankheiten attestiert, noch irgendeine psychische Abnormität bescheinigt.

Damit steht für die Kirche noch nicht fest, dass es sich bei den drei Frauen um echte Prophetinnen handelt. Die Kirche wird, wie in derartigen Fällen üblich, die menschliche und religiöse Weiterentwicklung der Frauen abwarten. Vor allem anderen aber muss sie sich mit den Botschaften auseinander setzen. Sie liegen vollständig vor. Zum einen in Tonbandaufnahmen, zum andern auch teilweise in Videoaufnahmen, die der Augsburger Filmemacher Hans Schotte gedreht hat.

2. Prüfung der Botschaften

Selbstverständlich hat die Prüfungskommission auch die Botschaften zur Kenntnis genommen. Es ist allgemeine Praxis, dass für eine Urteilsbildung anerkannte Theologen zu rate gezogen und Gutachten eingeholt werden. In den Fällen, in denen eine Bistumskommission kein eigenes endgültiges Urteil fällt, übergibt sie das ganze Dossier dann der Glaubenskongregation in Rom. Dieses Buch dokumentiert über weite Strecken eine persönliche theologische Auseinandersetzung mit einigen Botschaften, die ich zunächst für fragwürdig gehalten habe. Diese Arbeit habe ich auf eigenes Risiko und persönlichem Interesse unternommen. Es geschah nicht im kirchlichen Auftrag. Meine Überlegungen zu den Botschaften haben eine längere Vorgeschichte. Sie begannen mit kritischen Anfragen bei den Freunden im Medjugorje-Zentrum, gingen weiter mit Briefen und Gesprächen und fanden einen vorläufiges Endpunkt in einem Referat, das auf einer theologischen Tagung in Bad Salzschlirf im November 2000 vorgetragen wurde. Es liegt in dem Band VISIONEN UND DIE FRAGE IHRER ECHTHEIT des Oros-Verlages abgedruckt, der seit Jahren die Beiträge unserer Jahrestagungen veröffentlicht.[9]

Was die Botschaften von Marpingen angeht, kann und soll sich jeder ein eigenes Urteil bilden. Wenn ihm dieses Buch dabei ein wenig hilft, hat es seinen Zweck erfüllt. Ich kann mich nur dem anschließen, was der inzwischen emeritierte Bischof Hermann Josef Spital geschrieben hat: »Natürlich hat weiterhin jeder Laie und jeder Kleriker die völlige Freiheit, sich veranrwortungsbewusst und gewissenhaft selbst eine persönliche Meinung zu den Vorgängen in Marpingen zu bilden.«

3. Die Frage nach den Erscheinungen von 1876/7

Bei einem ersten längeren Gespräch mit Weihbischof Genn in Trier Anfang Juli 2000 hatte ich mir schon ein positives Urteil über die Geschehnisse in Marpingen gebildet. Ich hatte die Interviews gesehen, die Hans Schotte mit den drei Frauen einzeln geführt und gefilmt hatte. Ich war in Reisbach gewesen, wo ich mit Pfarrer Gressung sprechen konnte. Bei der Gelegenheit lernte ich auch Christine und Judith kennen. Sie haben mir offenherzig auf alle Fragen geantwortet, die mich damals umtrieben.

Nun aber wurde ich mit einem Argument gegen die Echtheit der Erscheinungen konfrontiert, auf das ich nur wenig erwidern konnte. Die Kommission habe einen Beweis gegen die Echtheit der Erscheinungen von 1876/7, so der Weihbischof. Denn eines der Mädchen, die damals die Muttergottes gesehen haben wollten, habe später widerrufen. Margareta Kunz habe eingestanden und zu Protokoll gegeben, sie hätte gelogen und sich alles ausgedacht. Damit aber seien auch die Erscheinungen von 1999 unrecht oder doch höchst fragwürdig. Denn die »Erscheinung von 1876/7 habe angekündigt: »Ich komme wieder in bedrängter Zeit.« Darauf habe sich die Erscheinung von 1999 bezogen und gesagt: »Ich habe versprochen wieder zu kommen. Und ich halte meine Versprechen.« Wenn aber die Erscheinung damals ein Phantasiegebilde gewesen sei, müsse man doch annehmen, dass es sich mit den Erscheinungen von 1999 nicht anders verhalte.

Darauf konnte ich nur mit einigen Fragen reagieren. Ob denn auch die beiden anderen Mädchen widerrufen hätten? Ob die Bergleute, die bei einer Erscheinung ebenfalls die Muttergottes gesehen haben wollten, auch widerrufen hätten? Und was mit den ärztlich beglaubigten Heilungen sei, die damals geschehen sind? Offenbar gab es dazu keine Widerrufe. Immerhin: der Widerruf von Margareta Kunz war für mich ein »Hammer«, der kräftig gegen die Echtheit der Erscheinungen von 1876/7 zuschlug und auch die Erscheinungen von 1999 in ein schiefes Licht rückte. Ich war sehr verunsichert.

Zugleich aber war ich hoch motiviert, mich mit den Geschehnissen von damals zu beschäftigen. Dazu bekam ich bald eine ausgezeichnete Gelegenheit. Es war nämlich zwei Jahre vor den Erscheinungen von 1999 ein Buch auf dem deutschen Markt erschienen, das sich mit den Ereignissen in Marpingen zur Zeit des Kulturkampfes befasste. Der Autor dieses Buches ist der englische Historiker David Blackbourn, seit 1992 Professor an der Harvard University in den USA. Blackbourn gehört zu den führenden Historikern, die sich mit der Entstehung des modernen Deutschland auseinander setzen. Für sein Buch, das 1993 in Oxford erschien, erhielt er 1996 eine besondere Auszeichnung. Seine Studie über Marpingen wurde als »das beste Buch zur deutschen Geschichte« von der American Historical Association ausgezeichnet.[10]

Blackbourn ist als Wissenschaftler objektiv und beschränkt sich auf sein Fachgebiet. Er versagt es sich konsequent auf das Fachgebiet von Religion und Theologie überzuwechseln. Er mischt sich nicht in Fragen ein, für die Dogmatiker und Fachleute für Mystik zuständig sind. Natürlich schreibt er über die Erscheinungen in Marpingen, die im gesamten deutschen Blätterwald von sich reden machten und bis in den Deutschen Reichstag in Berlin für Furore sorgten. Aber er thematisiert die Erscheinungen nicht als solche. Ihn interessiert vielmehr, was die drei Mädchen damals erzählt und zu Protokoll gegeben haben. Ihn interessiert, wie die Eltern darauf reagiert haben und was der Ortspfarrer Neureuther dazu gesagt hat. Er beschreibt die Familienverhältnisse der Kinder, ihre charakterlichen Eigenarten. Er hat das Bildungsniveau der Bauern und Bergarbeiter von Marpingen erforscht, den Gesundheitszustand der damaligen Dorfbewohner erkundet. Blackbourn interessiert sich für das religiöse Wissen, das damals in Schule, Kirche und Elternhaus vermittelt wurde. Er hat untersucht, wie sich der Zustrom der Pilger entwickelte, wie die Politik darauf reagierte, wie der Einsatz des Militärs vor sich ging. Und er belegt anhand von Quellen, wie sich die Kirche zu all dem verhielt.

Natürlich hat Blackbourn auch im Bistumsarchiv von Trier geforscht. Er kennt und benennt den Widerruf der Margareta Kunz. Er beschreibt aber auch, was vorausgegangen war. Anfang Mai 1878 wurden die drei Mädchen in ein kirchliches Internat nach Echternach gebracht. Im Bistum Trier gab es wegen des Kulturkampfes keine entsprechenden Einrichtungen mehr. Man wollte die Kinder aus dem ganzen Wirbel herausziehen, den es in und um Marpingen gab. Im Internat wurden die drei Kinder dazu angehalten über die Ereignisse und die Erscheinungen zu schweigen. Erst nach einem halben Jahr konnten sie noch einmal frei und ungezwungen über alles sprechen, was sie erlebt hatten. Eine Ordensschwester schrieb alles auf. Das Schriftstück besteht aus 49 eng beschriebenen Seiten und befindet sich ebenfalls im Bistumsarchiv Trier. Das blaue Heft trägt die Überschrift: »Bericht über die Mutter Gottes Erscheinungen in Marpingen vom 3. Juli 1876 bis zum 3. September 1877«. Die Schwester vermerkt, dass die Mädchen »mit Offenheit und Gradheit« gesprochen hätten.

Diese Aufzeichnungen wurden im November 1878 dem Weihbischof Laurent zugeleitet. Dieser meldete sich im Mai 1880 zu Wort. Seine Stellungnahme ist kein offizielles Dokument. Laurent hatte keinen Untersuchungsauftrag. Immerhin ist seine Meinung von Gewicht. Er war nicht nur Bischof, sondern auch Dogmatiker und Mariologe. Laurent sah zwar keinen Grund, die Aufrichtigkeit und Arglosigkeit der Kinder anzuzweifeln. Ungeachtet dessen aber bestritt er nachdrücklich die Echtheit der Erscheinungen. Zu der Art und Weise, wie die Erscheinung mit den Kindern gesprochen habe und umgegangen sei, fand er so starke Worte wie »ungeziemend« und »unwürdig«. Manche ihrer Unterhaltungen mit den Visionärinnen seien »müßig« und »niedrig«. Laurent vermutete, es handle sich bei den Erscheinungen um eine »Nachäffung von Lourdes« und könnten somit satanischen Ursprungs sein. Er verwendete die Bezeichnungen »höllisch« und »sakrilegisch«. Über ein solches Dokument kann man nicht einfach hinweggehen.

Freilich bringt Blackbourn auch ein Gegengewicht ins Spiel. Er fand einen Beleg dafür, dass der Trierer Theologe Josef Matthias Scheeben die Beurteilung von Laurent heftig kritisiert hat. Auch Scheeben war wie Laurent Professor für dogmatische und marianische Theologie.

Was hat das alles aber mit dem Widerruf von Margareta Kunz zu tun? Wir werden das gleich sehen. Zunächst aber muss kurz der weitere Lebenslauf der Margareta Kunz beschrieben werden. Bis zu ihrem 17. Lebensjahr blieb sie im Internat von Echternach. Danach war sie eine Zeitlang in Münster als Gehilfin im Haushalt eines Pfarrers Kreuzer tätig. Während dieser Zeit empfing sie öfters das Bußsakrament und beichtete jedesmal, dass sie gelogen habe. Als der Beichtvater einmal nachfragte, um was es sich bei den Lügen gehandelt habe, gab sie sich als eine der drei Seherinnen von Marpingen zu erkennen und bekannte, dass ihre Visionen erlogen gewesen seien. Darauf verpflichtete der Pater sein Beichtkind, dies auch vor ihrem Heimatbischof in Trier zu bekennen. So fuhr Margareta Kunz im Januar 1889 nach Trier. Dort war nach dem Ende des Kulturkampfes der Trierer Bischofsstuhl wieder besetzt worden. Dort legte Margareta Kunz ihr Geständnis ab.

Zu der Zeit war sie bereits fest entschlossen Ordensschwester zu werden. Tatsächlich trat sie noch im selben Jahr bei den Klarissen ein und erhielt den Schwesternnamen Stanislaus. Ihr Eintritt war an die Auflage gebunden, über Marpingen nicht mehr zu reden und zu ihrem Widerruf zu stehen. Offenbar aber hat sie sich nicht daran gehalten. Denn sie wurde bald aus dem Noviziat entlassen. Sie hatte wieder begonnen über die Erscheinungen zu sprechen und sie für echt zu erklären. Das aber brachte die Klarissen in große Verlegenheit. Die Ereignisse und Turbulenzen von Marpingen lagen noch keine 16 Jahre zurück. Wenn bekannt würde, dass die Novizin Stanislaus wieder davon sprach, musste man mit Unannehmlichkeiten rechnen. Zudem war es ein schwerer Verstoß gegen die Zusage, die Dinge ruhen zu lassen. Die Klarissen haben ihre Novizin aus Marpingen mit Bedauern entlassen müssen. 1891, zwei Jahre später, trat Margareta Kunz bei den Schwestern der Göttlichen Vorsehung in Münster ein. Dort legte sie 1899 die ewigen Gelübde ab. Schon 1905 ist Margareta Kunz mit dem Ordensnamen Schwester Olympia im holländischen Steyl gestorben, wo eine neue Ordensprovinz entstanden war.

Es steht also fest, dass Margareta Kunz die Echtheit der Erscheinngen durch einen Widerruf bestritten hat. Darüber gibt es ein Dokument. Ebenso sicher ist, dass sie später diesen Widerruf widerrufen hat. Darüber gibt es kein vergleichbares schriftliches Dokument, aber starke Indizien. Wie soll man das alles erklären?

Wie kam Margareta Kunz zu ihrem Widerruf? Und wie kam sie zum Widerruf des Widerrufs? Ich habe lange darüber nachgedacht. Am Ende habe ich eine Erklärung gefunden, die beide plausibel macht.

So könnte es gewesen sein: Als Weihbischof Laurent sich seine Meinung über die Erscheinungen von Marpingen gebildet hatte, ließ er es nicht damit genug sein, sie in einem Schriftstück kundzutun. Er wird auch mit den drei Kindern gesprochen haben, die früher oder später erfahren würden, was er darüber dachte. Schließlich waren die drei seine Schützlinge; denn er war für das Internat mitverantwortlich, in dem sie sich aufhielten. Gewiss hat er Margareta Kunz, Susanne Leist und Katharina Hubertus nicht sein theologisches Statement vorgelesen. Er wird väterlich, aber auch unmissverständlich mit ihnen gesprochen haben. Etwa so:

Ihr habt vor vier Jahren beim Beerenpflücken im Härtelwald eine Frau gesehen, die mehrere Male mit euch gesprochen hat. Ihr habt die ganze Geschichte vor anderthalb Jahren noch einmal einer Ordensschwester erzählt, die es aufgeschrieben hat. Ich habe ihren Bericht durchgelesen und lange darüber nachgedacht. Eines kann ich euch mit Gewissheit sagen: die Muttergottes ist es auf keinen Fall gewesen. Denn die Muttergottes spricht und benimmt sich ganz anders. Vielleicht habt ihr im Wald damals von weitem eine Frau gesehen, auf die ein Sonnenstrahl fiel, so dass sie für einen Moment hell aufleuchtete. Ihr habt in den Tagen damals zuhause und in der Kirche viel von Lourdes gehört und wusstet, dass die Muttergottes auf Erden erscheinen kann. Da habt ihr gedacht: ob sie auch uns erscheint? Zuhause habt ihr von eurem Erlebnis erzählt und gesagt: Wir haben eine hell leuchtende Frau gesehen! Das war sicher die Muttergottes. Eure Eltern haben geantwortet: Das kann nicht sein! Und dann haben sie gefragt: wie sah sie denn aus? Was hatte sie an? Was hat sie gesagt? Und dann habt ihr einiges selbst hinzugefügt. Eure Phantasie hat mitgespielt, und alle Leute, die davon hörten, waren ganz aufgeregt. Die Nachbarn kamen und wollten alles ganz genau wissen. In der Nacht habt ihr nach dem ganzen Trubel geträumt: wie euch die Muttergottes erscheint, wie sie euch anlächelt. Im Traum habt ihr sie auch alles Mögliche gefragt. Und am nächsten Tag habt ihr nicht mehr auseinander gehalten, was ihr wirklich gesehen und was ihr nur im Traum erlebt habt. Als dann die vielen neugierigen Leute gekommen sind uns alles immer von neuem und ganz genau wissen wollten, habt ihr euch sicher auch vieles ausgedacht, um sie zufrieden zu stellen.

Wenn ihr aber noch heute ehrlich glaubt, dass alles, was ihr der Schwester erzählt habt, wirklich so gewesen ist, dann muss ich euch sagen: auch der Teufel kann euch solche Erscheinungen eingeben! Der kann sich sogar in einen Engel des Lichts verwandeln und auch die Gestalt der Gottesmutter annehmen. Ich weiß über diese Dinge genau Bescheid; denn ich bin ein Bischof, ein Lehrer des wahren Glaubens und ein Doktor der Theologie. Ihr kennt doch das Lied: Fest soll mein Taufbund immer stehen, ich will die Kirche hören! Sie soll mich allzeit gläubig sehen und folgsam ihren Lehren! Seid also folgsam und glaubt, was euch die Kirche sagt. Wenn ihr das aber nicht tut, begeht ihr eine Todsünde. Und ihr wisst ja: Kein Mensch kann mit einer Todsünde in den Himmel kommen. Er muss, wenn er mit der Todsünde stirbt, für immer in die Hölle!

Zugegeben: über ein solches Gespräch gibt es kein Protokoll. Aber ist es nicht sehr wahrscheinlich, dass ein solches oder ähnliches Gespräch stattgefunden hat? Dafür spricht auch ein Hinweis, den ich ebenfalls bei Blackbourn gefunden habe. Margareta Kunz hat einmal die Bemerkung gemacht, dass die Zeit in

Echternach für sie ein »geistiges Martyrium« gewesen sei. Wie will man das erklären? Sie war von 1878 - 1885 im Internat in Echternach. Die Mädchen waren dort gut untergebracht. Man hat sie freundlich aufgenommen und gut verpflegt. Sie hatten Unterricht, waren mit gleichaltrigen Mädchen zusammen, bekamen Besuch von zuhause. Sie litten keine Not. Eine innere Not aber, ein »geistiges Martyrium« muss es für Margareta Kunz gewesen sein, wenn sie mit dem negativen Urteil konfrontiert wurde, wie es sich in dem bekannten Statement von Bischof Laurent tatsächlich findet.

Liegt es nicht nahe, dass ein Mädchen von 12 oder 13 Jahren an sich irre wird, wenn ein Bischof ihre Erfahrungen so massiv infrage stellt und umdeutet? Da tauchen Gewissensfragen auf wie: Habe ich mir etwas vorgemacht? Habe ich beim Erzählen übertrieben? Ist meine Phantasie mit mir durchgegangen? Oder war es wirklich der Teufel, der uns alles vorgegaukelt hat? Die Angst, irgendeine schwere Sünde zu begehen und in die Hölle zu kommen, war damals ja durchaus verbreitet. Was lag da näher, als »für alle Fälle« zu beichten, um sich von diesem geistigen Martyrium zu befreien.

Genauso gut wie den Widerruf kann ich mir aber auch dem Widerruf des Widerrufes erklären. Sie wird in der kontemplativen Ruhe des Klarissenklosters allem, was sie erlebt hatte, noch einmal nachgegangen sein. Und wenn sie dann zu der Erkenntnis kam: es war doch alles echt! Dann stand sie wiederum vor einer Gewissensfrage: muss ich jetzt nicht um der Wahrheit willen meinen Widerruf widerrufen? Selbst auf die Gefahr hin, den geliebten Orden wieder verlassen zu müssen? Für mich selber sind auf diese Weise sowohl der Widerruf der Margareta Kunz als auch ihr späterer Widerruf des Widerrufes plausibel geworden. Ich habe meine Meinung dazu in einem ausführlichen

Gespräch mit Weihbischof Genn und dem Historiker Professor Dr. Bernhard Schneider am Aschermittwoch 2001 vortragen können. Der einzige Einwand, auf den ich stieß, war die Bemerkung von Professor Schneider, das sei ja interessant; aber es gebe darüber kein verwertbares Dokument. Womit er natürlich Recht hatte. Immerhin waren wir uns am Ende darüber einig, dass man aufgrund der Quellenlage nicht zwingend auf eine Unechtheit der Erscheinungen von 1876/7 schließen und die Erscheinungen von 1999 damit unbesehen abtun könnte.

Für mich waren die Nachforschungen über die Ereignisse in Marpingen aus dem 19. Jahrhundert von besonderem Reiz; und ich machte dabei auch noch eine interessante Erfahrung, über die ich abschließend etwas erzählen möchte. Das Klarissenkloster, in das Margareta Kunz 1889 eingetreten ist, liegt in meiner Nachbarschaft. Anfang 2001 ist es aufgegeben worden und die Schwestern haben in Kevelaer eine neue Heimat gefunden. Als sie noch hier in Münster waren, habe ich mich mit ihnen über ihre ehemalige Novizin Schwester Stanislaus unterhalten. Leider gibt es über deren Zeit keine Unterlagen mehr. Alle Akten einschließlich der Ordenschronik sind im letzten Krieg verbrannt. Wichtiger noch war mir die Nachforschung bei den Schwestern der Göttlichen Vorsehung. Mit dieser Gemeinschaft, die 1843 in Münster gegründet wurde, bin ich seit Jahrzehnten vertraut und verbunden. Im Herbst 2001 begab ich mich auf Spurensuche. Ich wollte herausfinden, ob noch Akten über Schwester Olympia vorhanden sind. Sie war ja bei den Schwestern der Göttlichen Vorsehung eingetreten, nachdem sie die Klarissen verlassen musste.

Dasselbe Anliegen hatte Marion Guttmann. Sie war schon seit längerem auf der Suche nach Spuren des Widerrufs vom Widerruf. Also kam sie an einem

Sonntagnachmittag mit ihrem Mann und einem weiteren guten Bekannten nach Münster zu mir. Gemeinsam machten wir uns auf den Weg zum Generalat der Schwestern von der Göttlichen Vorsehung auf der Neubrückenstraße im Zentrum der Stadt. Dabei ereignete sich folgendes:

Als wir am Eingangstor zum Grundstück der Schwestern standen, sagte Marion plötzlich überrascht: Ich sehe ein helles leuchtendes Kreuz auf dem Namensschild am Tor. Wer das Video von Hans Schotte gesehen hat, weiß, dass Marion an verschiedenen Erscheinungstagen in Marpingen durch ein leuchtendes Kreuz geführt worden ist. Ich stutzte und sagte dann: Dass hier das Generalat der Schwestern von der Göttlichen Vorsehung ist, weiß ich auch so. Wir müssen jetzt aber zurück zum Wagen. Die Schwestern können wir nicht sprechen. Die beten um diese Zeit die Vesper, und ich möchte sie am Sonntag nicht stören. Auch habt ihr ja noch einen langen Weg zurück nach Neunkirchen. - Also setzten wir uns in Bewegung. Doch da rief Marion: Jetzt sehe ich das Kreuz dort drüben an der Hauswand des Generalates und es bewegt sich nach Rechts!

Da wurde ich nachdenklich. Denn ich wusste, dass weiter rechts der Hausgang des Generalates war, den man vom Tor aus nicht sehen konnte. Kurz entschlossen machten wir uns auf den Weg zum Hauseingang. Ich schellte, und nach wenigen Augenblicken öffnete eine freundliche Schwester die Tür und fragte, was sie für uns tun könnte. Wir fragten nach einer Schwester Olympia, die vor über 100 Jahren bei den Schwestern der Göttlichen Vorsehung eingetreten sei, und wir erhielten eine erste Auskunft. Die Spur, die sich zeigte, habe ich an den darauf folgenden Tagen und Wochen weiter verfolgt. So habe ich das Eintrittsdatum der Schwester Olympia mit dem bürgerlichen Namen Margareta Kunz feststellen können, ebenso das Datum ihrer ewigen Gelübde 1899 sowie das Datum ihres Todes. Sie starb 1905 in Steyl.

Weitere Nachforschungen in Steyl ließen uns noch zwei weitere Dokumente finden: den zweiseitigen Brief einer alten Schwester aus dem Jahre 1976 mit interessanten Aussagen über Schwester Olympia und über eine Wallfahrt nach Marpingen; sodann einen amtlichen Bescheid des Bürgermeisters von Tegelen mit der Erlaubnis, das Grab auf dem Friedhof des St. Josefs-Klosters öffnen zu dürfen, um den Leichnam von Margareta Kunz (Schwester Olympia) zu entnehmen und wieder zu begraben. Der Bescheid ist am 22. August 1968 ausgestellt worden. Wie ich erfahren habe, hatten Interessenten die holländische Provinzleitung darum gebeten, ihnen die Gebeine von Schwester Olympia zu überlassen. Nachdem die Ordensprovinz zunächst ablehnend war, hat sie dann doch zugestimmt. Die Gebeine sind nicht wieder auf dem Friedhof der Schwestern beigesetzt, sondern nach Marpingen gebracht worden.

4. Pastorale Regelungen am Erscheinungsort im Dienst von Freiheit und Frieden

In kritischen Situationen zieht die Kirche zunächst die Notbremse. Das hat sie auch nach dem Bekanntwerden der Vorgänge um Marpingen getan. Der Bischof untersagte die Feier der Hl. Eucharistie an der Härtelwaldkapelle. Er verbot auch die Spendung des Bußsakramentes am Ort der angeblichen Erscheinungen. Priester dürften auch keine Wallfahrten nach Marpingen leiten. Eine solche Regelung macht klar, dass die Kirche zu den fraglichen Erscheinungen auf kritische Distanz geht. Das ist fürs erste vernünftig und sinnvoll. Damit wird jeder Anschein vermieden als stehe die Kirche hinter den Vorgängen. Ein solches Verbot kann aber keine Dauerregelung sein. Wenn Menschen Orte aufsuchen, weil sie dort die Nähe Gottes erfahren, muss sie sich um diese Menschen kümmern. Solange nichts passiert, was gegen den Glauben und die Ordnung der Kirche ist, haben die Gläubigen ein Recht auf den Segen der Kirche. Das gilt auch für Erscheinungsorte wie Marpingen, über die sich die Kirche noch kein abschließendes Urteil gebildet hat.

Handlungsbedarf besteht auch in anderer Hinsicht. In und um die Kapelle stehen Unmengen von Kerzen, Statuen, so dass der ganze Ort regelrecht »fromm verschandelt« ist. Dort lagen oft Schriften und Flugblätter aus, die massiv gegen kirchliche Regelungen polemisieren. So z.B. gegen die kirchliche Erlaubnis der Handkommunion, die seit einigen Jahren auch für St. Peter im Vatikan und die italienischen Bistümer gilt. Es fällt in die Zuständigkeit der Kirche von Trier, welche Schriften dort ausgelegt bzw. nicht ausgelegt werden dürfen. Derartige Schriften an diesem Ort verleiten zu der irrigen Meinung, dass in den Botschaften von Marpingen derartige Kritik enthalten sei. Tatsächlich findet sich in den Botschaften von Marpingen keine Spur von Kritik am II. Vatikanum oder an irgendwelchen liturgischen Regelungen der liturgischen Erneuerung. Leider besteht noch immer das Verbot, dass am Erscheinungsort die Heilige Messe gefeiert und die Sakramente gespendet und der priesterliche Segen gegeben wird. Weihbischof Genn hätte das alles schon längst geändert und geregelt. Ihm waren in etwa die Hände gebunden. Denn der Kapellenverein, der das Gelände von der politischen Gemeinde gepachtet hatte, führte mit eben dieser Gemeinde einen Rechtsstreit, der am 22. Februar 2002 durch einen Urteilsspruch einer Zivilkammer des saarländischen Oberlandesgerichtes Saarbrücken entschieden wurde. Danach muss der Kapellenverein »Betende Familie« Gelände und Immobilie am Härtelwald an die Gemeinde zurückgeben. So besteht Hoffnung, dass in absehbarer Zeit die Dinge am Ort zufriedenstellend geregelt werden.

Das Generalvikariat in Trier hatte sich Mühe gegeben, die unterschiedlichen Interessengruppen unter einem neuen Dach zusammenzufassen: die kirchliche Gemeinde, die politische Gemeinde, den Kapellenverein. Der Versuch ist im letzten Moment durch eine Gruppe von Hardlinern im alten Kapellenverein gescheitert.

Das seelsorgliche Interesse der kirchlichen Autorität besteht darin, dass unter den Gläubigen Freiheit und Frieden herrschen. Freiheit: jeder hat das Recht an Marienerscheinungen zu glauben, solange sie von der Kirche nicht als falsch und irreführend beurteilt werden. Ebenso ist jeder Gläubige frei, an die fraglichen Erscheinungen nicht zu glauben. Die Kirche zwingt ihre Gläubigen nicht einmal, an die von ihr als echt bewerteten Erscheinungen wie die von Lourdes und Fatima zu glauben.

Frieden: In der kirchlichen Gemeinschaft sollen diejenigen, die nicht an Privatoffenbarungen glauben, diejenigen gewähren lassen, die solche Dinge für echt und wichtig ansehen - und natürlich umgekehrt genau so. Auf dieser Grundlage von Freiheit und Frieden soll Eintracht herrschen:

Alle Gläubigen sollen darin übereinstimmen, dass es in allem letztlich um die Ehre und Verherrlichung Gottes und das Heil der Menschen geht. Einheit im Notwendigen, Freiheit im übrigen, Liebe in allem.

Nachwort

Im ANZEIGER FÜR DIE SEELSORGE, herausgegeben von dem renommierten katholischen Herder-Verlag in Freiburg, fand ich in der Dezembernummer 2001 einen Aufsatz mit der Überschrift »Aberglaube und die vergessene Herausforderung«. Untertitel: Gedanken zur Esoterik. Einleitend heißt es dort: »Die Welt der Esoterik, die vor 20 Jahren noch als ein unbedeutendes Relikt einer vergangenen Zeit oder als Tummelplatz von eigenwilligen Außenseitern galt, nimmt heute Formen an, die wir nicht mehr übersehen können. In durchaus seriösen Zeitschriften finden sich Angebote von Magierinnen, die Partnerzusammenführung, Zukunftsprognosen, Energieübertragung garantieren. Man kann sich Kartenleger, Astrologen und Hellseher zur Lösung persönlicher Probleme aussuchen. Das Angebot ist kaum zu überschauen.«

Gut gebrüllt, Löwe! Der Vorspann wird belegt: »Während kirchlich orientierte Verlage ums Überleben kämpfen oder schon längst schließen mussten, schießen Läden und Verlage mit esoterischen Angeboten wie die Pilze aus dem Boden.« Und noch etwas genauer: »Man schätzt, dass es ungefähr so viel Esoterik-Interessierte gibt als in der Kirche noch praktizieren. Nach dem Bildungsstand sind es nicht, wie man vermuten könnte, die Unbedarften, denen es an der Fähigkeit kritisch zu denken fehlt. Nach Untersuchungen des Züricher Soziologen Gerhard Schmitchen verhält es sich eher umgekehrt: Mit dem Grad der Schulbildung wächst das Interesse für Psychomarkt und Esoterik.«

Der Verfasser dieses Beitrags versucht den Dingen auf den Grund zu kommen. Er gibt zu bedenken: »Während man in der Theologie versucht die Bibel zu entmythologisieren, um sie dem modernen, wissenschaftlich gebildeten Menschen zugänglich zu machen; während man mit ungebremstem Eifer die Heilige Schrift von Wundern, von Engeln und Teufeln und außergewöhnlichen Erscheinungen zu reinigen versucht, sitzen Gymnasiasten und Studenten - für die man es eigentlich tut - beim Tischerücken zusammen, befragen das I-Ging, pendeln die Speisen nach Verträglichkeit aus, interessieren sich für das Tibetanische Totenbuch, für indianische Selbsterfahrung nach Carlos Castaneda, für Zen- und Yogakurse, für Qui-Gong und Tai-Tschi und andere Arten der östlichen Selbsterfahrung.«

Gut recherchiert! Der Herder-Verlag ist da sachkundig. Zu seinen Autoren gehört ja auch Eugen Drewermann. Er ist ein Meister darin, die Wunder aus dem Evangelien psychologisch wegzuerklären. Und in seinem Band DAS MATTHÄUSEVANGELIUM sagt er schlichtweg, der Autor dieses Evangeliums habe den Jesus von Nazaret »zum Sohn Gottes gemacht«.

Ist es da verwunderlich, wenn katholische Christen, die von Theologen dieser Denkart geprägt sind, ihre sakramentale Praxis aufgeben? Ist es für sie nicht konsequent, wenn sie die eucharistische Anbetung für »unvollziehbar« halten? Was soll ich noch in der Eucharistiefeier, wenn ich dort nicht mehr dem lebendigen Jesus Christus begegne, dem Sohn Gottes? Und was soll ich erst in Fatima und Lourdes, wenn Drewermann mit seiner Meinung Recht hat, dass z.B. die Erscheinungen der Muttergottes in Lourdes nichts anders gewesen seien als die Phantasien eines pubertierenden Mädchens?

Wer sich so aufklären läßt, der fragt sich, ob er nicht besser nach Poona in Indien wallfahrtet und im Ganges badet, anstatt sich mit Weihwasser zu bekreuzigen. Im Ernst: der ganze Esoterikmarkt würde bei Katholiken kaum auf Resonanz stoßen, wenn wir wieder zurückkommen würden auf die Schätze, die in den Kellern unserer Kirchen verstauben, weil sie angeblich nicht mehr »in« sind. Rosenkranzbeten und Freitagsfasten, die Heiligenfeste feiern und Maria verehren, Exerzitien machen und die Stille der Klöster aufsuchen.

Es gibt ja Leute, die uns das vormachen. Gabriele Kuby zum Beispiel. Sie war 1968 Asta-Mitglied an der Uni Berlin, als die großen Demos stattfanden und der Tod von Benno Ohnesorg den studentischen Protest an allen deutschen Hochschulen aufflammen ließ. Später hat sie die ganze esoterische Landschaft durchwandert und lange Zeit beim Goldmann-Verlag in München die Sparte Esoterik betreut. Bis sie Anfang 1996 am Ende war und eine Bekehrung erlebte. Seitdem hat sie in der katholischen Kirche gefunden, was sie viele Jahre gesucht hatte ohne es zu finden: ein überzeugendes Fundament für das eigene Leben und eine Zukunftsperspektive, die Hoffnung stiftet und Sinn macht. Sie ist eine intelligente, kluge, lebenserfahrene Frau, die vielen die Augen wieder geöffnet hat für verlorene Schätze und vergessene Wahrheiten. Der Titel ihres ersten großen Buches nach ihrer Bekehrung: MEIN WEG ZU MARIA. Erschienen im Goldmann-Verlag. Ob der katholische Herder-Verlag es angenommen hätte?

Manche Doktoren und Professoren der Theologie übergehen solche Publikationen. Für viele riechen sie nach Fundamentalismus. Andere stellen sie in die Ecke von Sektenliteratur. In Wirklichkeit gehören sie zum breiten Spektrum orthodoxen katholischen Glaubens und Lebens. Oder hat das Konzil etwa das Jenseits abgeschafft? Hat die Kirche die Lehre widerrufen, dass im geheimnisvollen Leib Christi - das ist die Kirche - alle Glieder miteinander verbunden sind: die im Himmel, die auf der Erde. Und auch die, die noch der Läuterung bedürfen? Natürlich nicht!

Woher also die Skepsis, wenn die Verstorbenen, die bei Gott sind, ihre Beziehungen spielen lassen? Wie viele Gläubige erfahren das noch immer im Gebet und an den Gräbern! Das hat nichts mit Okkultismus zu tun. Es ist nur die Konsequenz aus dem, was wir glauben. Wenn unsere Liturgie der Heiligenfeste die bei Gott Vollendeten tatsächlich erreicht, sollte es da von ihnen zu uns keine wirklichen Beziehungen geben? Auch solche, die spürbar sind? Wissen wir doch aus dem Leben zahlloser Heiliger, dass sie gelegentlich etwas von dem hören und sehen und erfahren durften, was jenseits unserer Alltagswirklichkeit liegt!

Es ist Vernebelung, wenn nicht bewusste Irreführung, dass man Erfahrungen dieser Art ins »finstere Mittelalter« verbannt oder als Fundamentalismus verketzert. Oder als Sektiererei abtut. Heute wie zur Zeit Jesu gibt der Himmel Zeichen. Heute wie damals können und wollen solche Zeichen den Glauben nicht erzwingen. Aber sie sollen und können ihn stützen, wo er sonst wegbricht, verdunstet, verloren geht. Vernebelung und Irreführung ist auch, wenn man dies alles als »unwissenschaftlich« kennzeichnet. Was ist das für ein Wissenschaftsbegriff! Es gibt nicht nur die Naturwissenschaft. Es gibt auch die Philosophie als Wissenschaft. Man sollte ihre begriffliche Logik beachten. Dann verfällt man nicht in die unsäglichen Fehlschlüsse des Materialismus, für den es außer Materie nichts gibt bzw. der alles offensichtlich Geistige auf Materielles reduziert.

Und da ist auch noch die Theologie als Wissenschaft. Zu ihr gehört die Mystik. Sie untersucht und deutet Phänomene, die redlicherweise nicht zu bestreiten sind. Das Sonnenwunder von Fatima etwa, das von mehr als 50 000 Menschen, gläubigen wie ungläubigen, erlebt worden und in den portugiesischen

Zeitungen von 1917 seitenlang dokumentiert ist. Oder das berühmte Bild der Gottesmutter auf der Tilma des Juan Diego. Eine Tilma dieses Stoffes zerfällt nach 40 Jahren. Dieses Kleidungsstück ist über 450 Jahre alt! Es wird jedes Jahr von 20 Millionen Amerikanern verehrt. In einer Aufnahme eines Auges dieser Madonna läßt die 2000 fache Vergrößerung (Digitalaufnahme) der Pupille den Augenblick erkennen, in dem Juan Diego seine Tilma vor dem Bischof Zumarraga öffnet und ihm die Rosen hinschüttet: das Zeichen, das der Bischof verlangt hatte, um an die Marienerscheinung glauben zu können. Auch hier ist exakte Naturwissenschaft mit der von ihr geschaffenen neuesten Technik am Werk und beweist etwas, das aufgeklärte Historiker in das Reich der Legende verwiesen hatten.

Ähnlich ist es mit dem Grabtuch von Turin, das mit modernster NASA-Technik untersucht worden ist. Ein Tuch, dessen Rätsel bis heute nicht gelöst sind. Es weist nicht die geringste Spur von Blut oder Frabstoffen auf. Aber es enthält Sporen von Pflanzen, die nur in Palästina vorkommen. Die bei weitem plausibelste Deutung der »Fotografie« auf dem Turiner Grabtuch ist diese: Im Augenblick der Verklärung und Entrückung des Leibes Jesu Christi hat die Energiestrahlung das Abbild des Gekreuzigten und Auferweckten auf dem Tuch hinterlassen. Natürlich setzt diese Deutung voraus, dass man an die leibhaftige Auferstehung Christi glaubt. Aber dies ist seit je her der Glaube und die Lehre der Kirche.

Nein, die Wissenschaft steht dem Glauben nicht entgegen. Wer das heute noch behauptet ist von vorgestern. Er hält es noch mit dem Diamat. Oder er ist fixiert auf ein materialistisch-mechanistisches Weltbild, das die großen Physiker unserer Zeit längst ad acta gelegt haben. Um nur eine der jüngsten Veröffentlichungen zu nennen: GIBT ES EIN JENSEITS? –

AUFERSTEHUNGSGLAUBE UND NATURWISSENSCHAFTEN von Professor Günter Ewald.[11] Er ist Mathematiker und lehrte in den USA und an der Universität Bochum. Außer Mathematik hat er auch Physik, Chemie und Philosophie studiert. Für Ewald gibt es keinen stichhaltigen Einwand gegen den Auferstehungsglauben, wohl aber viele Hinweise, die ihn als wahrscheinlich erscheinen lassen. Das belegt er mit naturwissenschaftlichen Einsichten.

Wer heute einem streng wissenschaftlichen Weltbild verpflichtet sein will, muss seinen Verstand nicht »an der Garderobe abgeben«, wenn er in den Bereich des christlichen Glaubens eintritt. Im Gegenteil. Und er hat es nicht nötig, sich als Fundamentalist, Sektierer oder Esoteriker abstempeln zu lassen, wenn er an die Muttergotteserscheinungen von Medjugorje und Marpingen glaubt.

Ich erinnere mich gern an Heinrich Tenhumberg (1915-1979), den Bischof von Münster. Er war tief im Glauben verwurzelt und Mitglied der Schönstatt Bewegung. Für ihn war das II. Vatikanische Konzil ein Geschenk der Vorsehung Gottes, das der Kirche den Weg in das 3. Jahrtausend nach Christi Geburt öffnen sollte. In diesem Zusammenhang sagte er mehr als einmal: wir dürfen nicht vor die Aufklärung zurück? Wir müssen vorwärts gehen. Wir müssen durch eine weitere Phase der Aufklärung hindurch. Sie wird die engen Grenzen sprengen, die uns eine falsch verstandene erste Aufklärung gezogen hat, wenn sie meinte, den christlichen Glauben als überholt ansehen zu können. Richtig aufgeklärt sind wir erst dann, wenn wir die sicheren Ergebnisse aller Wissenschaften an-, erkennen und zugleich mit redlicher Überzeugung zu unserem christlichen Glauben stehen, der eine Gabe Gottes ist.

Fundstellen

außer der Hl. Schrift, die nach der deutschen Einheitsübersetzung zitiert wird:

1) Julien Green: Bruder Franz, Verlag Herder, Freiburg im Breisgau 1984, S. 108

2) Karl Rahner: Visionen und Prophezeiungen, Verlag Tyrolia, Innsbruck 1952, S. 71f

3) Mechthild Mattern (Hrsg): Die Botschaften von Marpingen, 66625 Nohfelden, Obereckkstr. 36 (Bezugsadresse)

4) Heribert Jone: Katholische Moraltheologie, Verlag Schöningh, Paderborn 1949

5) Gabriele Kuby: Mein Weg zu Maria, Goldmann Verlag, München 1998

6) Hans Schotte: Schaut her in mein Herz, Video, 80 Min, Farbe, 2000
86316 Friedberg/Ottmaring, Eichenstr. 14,
Tel. 0821-60 33 36, Fax 0821-60 83 15 (Bezugsadresse)

7) Jörg Müller: Von Maria zu reden ist gefährlich, Miriam Verlag, Jestetten 1999

8) Hermann Josef Spital: Diözesanblatt DER PILGER, 1. August 1999

9) Gregor Kauling: Visionen und die Frage ihrer Echtheit, Oros-Verlag, Altenberge 2001

10) David Blackbourn: Wenn ihr sie seht, fragt, wer sie sei, Rowohlt Verlag, Reinbeck bei Hamburg 1997

11) Günther Ewald: Gibt es ein Jenseits?, Grünewald Verlag, Topos-Taschenbuch, Mainz 2000

Weitere Publikationen von Dirk Grothues:

Geistliches Tagebuch, Ludgerus Verlag, Essen 1964

Gelebte Passion, Verlag Edition S, Bad Herrenalb 2001, 3.Aufl.

Schuld und Vergebung, Don Bosco Verlag, München 1972

Wo ist Gott zu finden, Ludgerus Verlag, Essen 1971

Kehren die Propheten wieder, Herder Verlag, TB 1568, Freiburg 1988

Die Tagesgebete der Kirche, Verlag Butzon & Bercker, Kevelaer 1991

Der Fastenimpuls von Medjugorje, in: Die Botschaft von Medjugorje und die Zeichen der Zeit, Oros Verlag, Altenberge 1991, S.79 - 94

Gott – Geheimnis unseres Heils, Johannes Verlag, Leutesdorf 1994

Versuchungen unter dem Anschein des Guten – Ein Kapitel zur Unterscheidung der Geister, in: Zur Unterscheidung der Geister, Oros Verlag, Altenberge 1994, S.118 – 133

Ist Medjugorje eine geistliche Bewegung in der Kirche?, in: Marianne Tigges (Hrsg), Neue geistliche Gemeinschaften und Bewegungen – Eine Anfrage an Medjugorje, OrosVerlag, Altenberge 1998, S.65 – 86

Was spricht für Marpingen?, in Gregor Kauling (Hrsg): Visionen und die Frage ihrer Echtheit, Oros Verlag 2001, S. 101 - 121

Im HS Verlag sind auch folgende Titel erschienen:

Schaut her in mein Herz

Am 17. Mai 1999 erschien im saarländischen Marpingen Maria, die Mutter Gottes, drei jungen Frauen. In ihrer Botschaft kündigte sie an, dass sie insgesamt 13 Mal kommen und zu den Menschen sprechen werde. Mit einmaligen Videoaufnahmen dokumentiert der Film die Erscheinungen von Mai bis Oktober 1999 und zeigt die Ereignisse, wie sie sich wirklich zugetragen haben.

Video VHS Farbe 80 Min. ISBN 3-936615-11-X

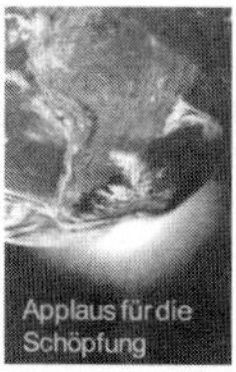

Applaus für die Schöpfung

Sensibel sind die starken, meditativen Texte Phil Bosmans von Peter Mergener in elektronische Musik eingebettet und von Hans Schotte mit aussagekräftigen Filmszenen unterlegt - ein audiovisuelles Gesamtkunstwerk, das den Respekt des Menschen vor der Schöpfung versinnbildlicht.

Video VHS Farbe 45 Min ISBN 3-936615-10-1

Glaube, der heil macht

Der Film vermittelt anschaulich und informativ einen Einblick in die Behandlungsweise des Freisinger Psychotherapeuten Dr. Jörg Müller SAC, die sich an Aussagen der Bibel und an der Gesinnung Jesu orientiert.

Video VHS Farbe 45 Min ISBN 3-936615-03-9

Seit die Gospa hier erscheint

Seit dem 24. Juni 1981 berichten sechs Jugendliche aus dem Ort Medjugorje in der Herzegowina/Bosnien, das ihnen täglich, die Mutter Gottes (Gospa) erscheint. Sie rufe auf zu Frieden, Umkehr, Gebet, Busse und Fasten. Die Seher erzählen von den Anfängen der Ereignisse. Theologen kommentieren, wie die Ortskirche auf die Ereignisse reagiert hat. Der erste deutsche Fernsehbericht.

Video VHS Farbe 45 Min ISBN 3-936615-01-2

Eingeladen in die Freiheit

Weit mehr als 10 Millionen Menschen aus aller Welt haben Medjugorje besucht. Worin liegt die Anziehungskraft dieses Ortes und der dort stattfindenden Ereignisse? Wie beurteilen namhafte Theologen das Phänomen der Erscheinungen? Welche Erfahrungen machen die Pilger?

Video VHS Farbe 45 Min ISBN 3-936615-02-0

Versöhnung

Kaum ein Bedürfnis ist angesichts weltweiter sozialer Ungerechtigkeiten, Spannungen unter den Völkern, Bürgerkriegen und dem Verlust an zwischen -menschlichen Beziehungen so dringlich wie Versöhnung und Frieden. Seit fast 20 Jahren lädt in Medjugorje die Mutter Gottes als »Königin des Friedens« die Menschen ein, sich neu zu besinnen und unsere Welt wieder menschlicher und göttlicher zu gestalten.

Video VHS Farbe 45 Min ISBN 3-936615-09-8

Rückkehr ins Leben

Drogenabhängige, HIV infizierte Männer und Frauen , Alkoholiker und Strafgefangene im offenen Vollzug machen eine ungewöhnliche Erfahrung. Auf der Fazenda da Esperanza bei Guaratingueta in Brasilien leben und arbeiten sie in Gemeinschaft. Grundlage der Therapie: das Evangelium und seine Umsetzung ins tägliche Miteinander.

Video VHS Farbe 45 Min ISBN 3-936615-07-1

Wie ein Baumstumpf ohne Wurzeln

Oft endet der Streit zwischen den Landarbeitern und den Großgrundbesitzern in Maranhao mit Mord und Totschlag. Willkür und Folter sollen den Widerstand gegen das Unrecht brechen. Wie können Christen in dieser politischen Situation überzeugend ihren Glauben leben? Wie kann Kirche hier glaubhaft die Botschaft Jesu vertreten?

Video VHS Farbe 45 Min ISBN 3-936615-06-3

Fenster in die Ewigkeit

Von je her wird Russland das Haus der Mutter Gottes genannt. Für den gläubigen orthodoxen Russen ist das Schicksal seiner Heimat mit den Ikonen der Gottesmutter eng verbunden. In der orthodoxen Liturgie nimmt sie einen hervorragenden Platz ein. Die Marienverehrung gehört zu den gemeinsamen Glaubensgütern der Kirchen des Ostens wie des Westens.

Video VHS Farbe 45 Min ISBN 3-936615-04-7

HS Verlag , Eichenstrasse 14, 86316 Friedberg/Ottmaring